Praveen Gupta
Satyabrata Dash
Umashankar Ghugar

Resolução de problemas e programação com C

Praveen Gupta
Satyabrata Dash
Umashankar Ghugar

Resolução de problemas e programação com C

ScienciaScripts

Imprint
Any brand names and product names mentioned in this book are subject to trademark, brand or patent protection and are trademarks or registered trademarks of their respective holders. The use of brand names, product names, common names, trade names, product descriptions etc. even without a particular marking in this work is in no way to be construed to mean that such names may be regarded as unrestricted in respect of trademark and brand protection legislation and could thus be used by anyone.

Cover image: www.ingimage.com

This book is a translation from the original published under ISBN 978-620-7-48659-5.

Publisher:
Sciencia Scripts
is a trademark of
Dodo Books Indian Ocean Ltd. and OmniScriptum S.R.L publishing group

120 High Road, East Finchley, London, N2 9ED, United Kingdom
Str. Armeneasca 28/1, office 1, Chisinau MD-2012, Republic of Moldova, Europe
Managing Directors: Ieva Konstantinova, Victoria Ursu
info@omniscriptum.com

Printed at: see last page
ISBN: 978-620-8-38469-2

Conteúdo

Autores

1. Dr. Praveen Gupta
2. Dr. Satyabrata Das:
3. Dr. Umashankar Ghugar
4. Dr. Rakesh Nayak
5. Sr. Chour Singh Rajpoot

O Dr. Praveen Gupta obteve o bacharelato na Universidade de Nagpur em 1991, o mestrado em tecnologias da informação na Universidade de Punjabi em 2004 e o doutoramento na Universidade de Singhania no ano de 2014. Tem uma experiência de ensino e investigação de mais de 20 anos e de desenvolvimento de software de mais de 8 anos em empresas de software indianas. A sua área de investigação e ensino inclui linguagens de programação como C, C++, JAVA, J2EE, Inteligência Artificial. Atualmente, está associado ao Departamento de Informática e Engenharia, GITAM School of Technology, GITAM (Deemed to be University), Visakhapatnam (Andhra Pradesh). Para quaisquer sugestões para o livro, podem contactar-me em .praveen2gupta@gmail.com O perfil público pode ser consultado em 1. https://scholar.google.co.in/citations?hl=en&user=yf4gnv4 A AAAJ 2. https://www.researchgate.net/profile/Praveen Gupta25 3. ORQUÍDEA ID: 0000-0002-5002-4217 https://www.scopus.com/authid/detail.uri?authorId=57783035 200	
Dr. Satyabrata Das: Ele tem experiência de ensino de 20 anos. A sua área de investigação e ensino inclui linguagens de programação como C, C++, JAVA, Networking, Blockchain, AI ML. Ele está atualmente associado ao Departamento de Ciência da Computação e Engenharia, GITAM School of Technology, GITAM (considerada uma universidade), Visakhapatnam (Andhra Pradesh). Escreveu mais de 25 artigos de investigação em várias revistas internacionais. É também revisor de revistas.	
O Dr. Umashankar Ghugar obteve o seu doutoramento a tempo inteiro na Universidade de Berhampur, Odisha, em 2021, e o seu diploma MTech em Informática na Universidade Fakir Mohan, Balasore, em 2012. e o seu diploma B.E. em TI na Universidade Utkal em 2006. Tem 15 anos de experiência de ensino em universidades indianas. Publicou 27 artigos, incluindo em revistas de renome, capítulos de livros e conferências em editoras internacionais. Os seus interesses de investigação são em Redes de Computadores, Segurança de Redes em WSN e Computação em Nuvem. É revisor do IEEE Access, IEEE Transaction on Education, IEEE Transactions on Neural Networks and Learning Systems, Security and Privacy (Wiley), International Journal of Communication Systems (Wiley), International Journal of Distributed Sensor Networks (Hindawi), International Journal of Knowledge Discovery in Bioinformatics (IGI Global), e International Journal of Information Security and Privacy (IGI Global) e membro do IEEE, IACSIT, CSTA e	

IRED.	
O Dr. Rakesh Nayak é autor de cinco livros e trabalha atualmente como reitor adjunto e diretor do Departamento de Informática e Engenharia da Universidade O P Jindal, Raigarh, Chhattisgarh. Obteve o grau de Mestre em Aplicações Informáticas pela Indira Gandhi National Open University em 2007 e o grau de Mestre em Tecnologia (CSE) pela Acharya Nagarjuna University em 2010 e o grau de Doutor em Informática pela Behrampur University em 2013. Tem mais de 22 anos de experiência no domínio do ensino e da administração em instituições de nível técnico. Tem muitas publicações em revistas/conferências internacionais a seu crédito.	
MR. CHOUR SINGH RAJPOOT trabalha atualmente na Escola de Ciências e Engenharia da Computação da Universidade VIT Bhopal, Bhopal (MP). Ele recebeu os graus de B.Tech e M.Tech em Ciência da Computação da Rajasthan Technical University, Kota (Rajasthan). Ele é pesquisador da Manipal University, Jaipur desde julho de 2020 e trabalha na área de aplicativos de aprendizado de máquina e aprendizado profundo. Ele tem experiência de trabalho de 12 anos no ensino superior no nível de instituição educacional de engenharia na Índia. Ele escreveu 13 artigos de pesquisa para as revistas e conferências nacionais e internacionais.	

Declaração de exoneração de responsabilidade

Este livro foi escrito para os estudantes de nível iniciante que estudam em escolas, colégios ou universidades. O livro foi escrito para os cursos de Teoria e Laboratório do currículo. Os exemplos de programação foram testados no meu sistema e em alguns dos compiladores online. A configuração de instalação dos compiladores pode ser diferente no seu sistema. Por isso, alguns dos programas podem apresentar erros em qualquer versão específica. Os programas e conceitos não devem ser utilizados para fins comerciais, científicos, de investigação ou outros. As marcas registadas são propriedade da respectiva empresa. Este livro é uma versão revista e actualizada do meu livro anterior publicado em linguagem de programação C.

Prefácio

A programação de computadores utilizando a linguagem de programação C é o ponto de partida para todos os cursos de programação. A programação em C fornece os fundamentos da programação e a maior parte dos conceitos são aplicáveis a outras linguagens de programação. A maior parte das universidades tem esta programação nos seus cursos B Tech, BCA, MCA e outros. Este livro foi escrito tendo em conta os níveis de compreensão dos estudantes de licenciatura. Neste livro, todos os exemplos foram escritos com conceitos simples e aplicando apenas um conceito de cada vez. O livro foi dividido em cinco unidades, tendo em conta a tendência atual do currículo universitário. Neste livro também estão escritos exemplos de laboratório e algumas das experiências de laboratório são dadas para a prática aos estudantes.

Reconhecimento

Há muitos anos que dou aulas aos alunos. É sabido que a aprendizagem de linguagens de programação é uma tarefa difícil para os alunos. Os estudantes têm sempre dificuldade em compreender e aplicar em projectos. Neste livro, procuramos explicar os programas simples utilizando um conceito de cada vez nos programas. Isto ajudará os estudantes a compreender e a aplicar os conceitos de programação. Estou grato a todos os estudantes que aprenderam a linguagem de programação comigo. Agradeço a todos os professores e profissionais de tecnologia por terem melhorado os meus conhecimentos através de vários workshops e programas de desenvolvimento de professores.

PARTE - I

Capítulo 01: Programação em C

"Ouço e esqueço-me. Vejo e lembro-me. Faço e compreendo."- Confúcio

Resultados da aprendizagem

Após a conclusão desta unidade, o aluno será capaz de

- Noções básicas sobre o computador e as suas linguagens de programação
- Terminologia básica da programação C
- Estrutura básica da programação, como começar a programar.

Arquitetura Von Neumann

Esta é uma estrutura básica do sistema de hardware do computador. Todo o trabalho de desenvolvimento de hardware começa a partir desta base. É necessário conhecer as partes básicas integradas do computador e o seu mecanismo de funcionamento.

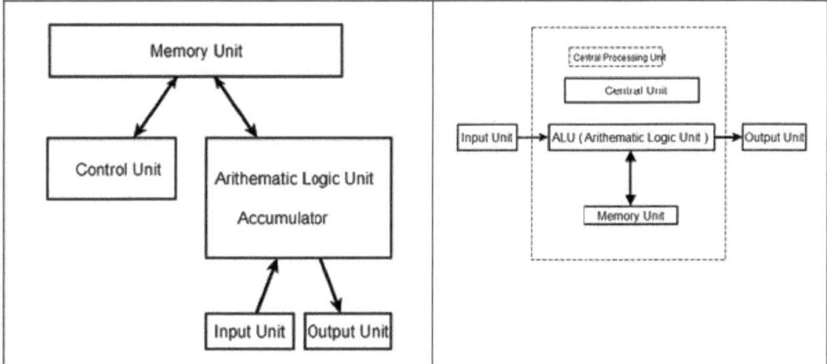

Existem quatro subcomponentes na arquitetura von Neumann:
Esta é uma das arquitecturas do sistema de hardware do computador na fase inicial do desenvolvimento do computador. Dividia todo o sistema em quatro partes.

1. Memória
2. Entrada/Saída
3. Unidade Aritmética-Lógica
4. Unidade de controlo

O termo "arquitetura Von Neumann" foi criado em 1945 por John von Neumann e a sua equipa. Ele descreveu as partes básicas da seguinte forma. As partes básicas são as seguintes.

A unidade lógica aritmética:

A UAL é um circuito eletrónico utilizado sob a forma de posições de memória, também conhecido como registo. Dispõe de circuitos para efetuar operações aritméticas básicas com os dados fornecidos. Pode efetuar a adição, a subtração, a multiplicação e a divisão, bem como algumas operações lógicas. A UAL é utilizada para efetuar operações aritméticas e lógicas sobre os dados introduzidos.

Unidade de controlo

A unidade de controlo é utilizada para ir buscar e executar o ciclo. A unidade de controlo decide as operações a realizar e o endereço dos dados.

Dispositivos de armazenamento

Cada computador necessita de dois tipos de memória para funcionar eficientemente. Estes são conhecidos como Memória primária e memória secundária.

Memória primária:

A memória primária é temporária por natureza. É utilizada para os cálculos de trabalho de todas as operações. Todos os dados armazenados são voláteis, armazenados temporariamente, até que a energia seja desligada. É utilizada para as operações da CPU. Tem um elevado nível de velocidade e fornece dados à CPU para todos os fins. Tem um carácter limitado para todos os computadores.

Memória secundária:

Trata-se de um dispositivo magnético, os dados armazenados são de carácter permanente. Todos os ficheiros e software são armazenados e instalados no dispositivo secundário. Este dispositivo está disponível em discos rígidos, CD, etc., cartão de dados USB, armazenamento na nuvem, etc. Este dispositivo depende do desenvolvimento tecnológico, pelo que a capacidade, o tamanho e a disponibilidade dos dispositivos estão sempre a mudar.

Resumo:

1. O computador tem algumas peças de hardware.
2. Hardware e software são duas entidades diferentes.
3. O software é uma peça de código escrita numa linguagem de programação.
4. Um programa é um pequeno pedaço de código que resolve uma questão ou uma tarefa.
5. O software é uma unidade, um conjunto de um grande número de códigos que resolvem muitas tarefas.
6. A compreensão da programação é necessária para resolver qualquer problema com o computador.

Conceção de cima para baixo:

A programação em C funciona como a leitura de um livro. O programa começa do canto superior esquerdo para a direita e avança para as linhas seguintes e chega até às últimas linhas. Em situação normal, o programa não sobe. Em caso de erro, o programa termina e chega às últimas linhas do código.

Introdução à ideia de algoritmo

Os algoritmos são os passos básicos para escrever um programa. Trata-se de uma etapa que ilustra os passos de programação em linguagem livre de instruções. Os algoritmos são livres de qualquer linguagem de programação.

Introdução ao fluxograma.

O fluxograma é a representação pictórica do funcionamento de um programa. Mostra o início do Algo, o fim do programa e a parte do código do programa. É utilizado para o nível básico do programa. Os estudantes devem escrever estes algoritmos nos níveis iniciais, mas depois de algum tempo os programadores não são obrigados a escrever fluxogramas. Existem várias ferramentas e software disponíveis para escrever fluxogramas.

Resumo:

1. Os fluxogramas são a representação pictórica do programa.
2. Os fluxogramas representam o fluxo de um programa. Ou o passo seguinte da execução.

Introdução à linguagem C

Tokens em C:

Token é uma palavra-chave, um identificador, uma constante, um literal de cadeia de caracteres ou um símbolo. A programação em C tem muitos tokens. Por exemplo, a seguinte expressão em C é composta por cinco tokens.

Ponto e vírgula:

No programa C, o ponto e vírgula é um terminador de instruções. Cada instrução individual deve ser terminada com um ponto e vírgula. Indica o fim de uma entidade lógica.

Comentários:

Os comentários são as partes de texto do programa. Eles são escritos com o objetivo de tornar o programa compreensível para todos os programadores. Os comentários são ignorados pelos compiladores, não são lidos nem executados pelos compiladores. O programador pode escrever lógicas de programação, objectivos, fórmulas, nomes, datas, referências, nomes de módulos para que o programador possa compreender facilmente o objetivo do programa. Os comentários são como texto de ajuda no seu programa C e são ignorados pelo compilador. Começam com /* e terminam com os caracteres */, como se mostra a seguir:

/* escrever comentários */

Identificadores:

O identificador é um nome utilizado para identificar uma variável, uma função ou qualquer outro item definido pelo utilizador. Um identificador começa com uma letra de A a Z ou de a a z ou um sublinhado _ seguido de zero ou mais letras, sublinhados e dígitos (0 a 9). C não permite caracteres de pontuação como @, $ e % nos identificadores. C é uma linguagem de programação sensível a maiúsculas e minúsculas. Assim, Number e número são dois identificadores diferentes em C. Eis alguns exemplos de identificadores :

jaipur	intMarcas	_charNames	Int_Rolls_123

1. Alfabetos : A-Z, a-z
2. Dígitos : 0-9
3. Caracteres especiais: ~ ! @ # $ % ^ & * ( ) _ + { } [ ] - < > , . / ? \ | : ; " '
4. Espaços em branco : Separador horizontal, retorno de carro, nova linha, alimentação de formulário

Resumo:

1. Identificadores significa identificar por um nome.
2. Os programas são escritos com alguns comandos, variáveis, funções, loops, etc.
3. Os comentários são escritos para que os programadores possam compreender o

programa.

4. O programa C não lê os comentários.
5. Os comentários tornam o programa mais fácil de ler e de compreender pelos colegas.

Declaração do problema: como o compilador entende as palavras.

Palavras-chave:

Algumas palavras do inglês são reservadas para o uso do compilador. Têm um significado específico para o compilador, pelo que não podem ser utilizadas pelos programadores. Estas palavras são conhecidas como Keywords. As palavras-chave têm um significado específico para os compiladores e não podem ser utilizadas pelos programadores. A lista seguinte mostra as palavras reservadas em C. Estas palavras reservadas não podem ser utilizadas como nomes de constantes, variáveis ou qualquer outro identificador.

automóvel	senão	Longo	interrutor
pausa	enum	Registo	typedef
caso	externo	Regresso	união
char	flutuar	Curto	Não assinado
const	para	Assinado	nulo
continuar	goto	Tamanho do	Volátil
padrão	se	Estático	enquanto
fazer	int	Estrutura	_Embalado
duplo			

Espaços em branco em C :

A programação só entende o fim da linha por comando. Se um comando for escrito em mais do que uma linha, é considerado como um único comando até que a instrução de fim de linha não seja escrita. Um único comando pode ser escrito em várias linhas.

Uma linha que contém apenas espaços em branco, possivelmente com um comentário, é conhecida como uma linha em branco, e um compilador C ignora-a totalmente. Espaço em branco é o termo utilizado em C para descrever espaços em branco, tabulações, caracteres de nova linha e comentários. O espaço em branco separa uma parte de uma instrução de outra e permite que o compilador identifique onde um elemento em uma instrução, como int, termina e o próximo elemento começa. Portanto, na instrução a seguir:

int idade;

Deve haver pelo menos um carácter de espaço em branco (normalmente um espaço) entre int e age para que o compilador os possa distinguir. Por outro lado, na seguinte declaração:

fruta = maçãs + laranjas; // obter o total de fruta

Não são necessários caracteres de espaço em branco entre fruit e =, ou entre = e apples, embora seja livre de incluir alguns se o desejar para efeitos de legibilidade.

Resumo:

1. As palavras-chave são palavras reservadas para o compilador.
2. Os programadores são aconselhados a não utilizar palavras-chave.
3. Todas as instruções de programa devem ser terminadas por ;
4. A palavra-chave tem um significado específico para o compilador C.

Descrição do problema: Qual é a sequência de comandos na linguagem de programação C.

Estrutura do programa C

A estrutura do programa é uma sequência de códigos de objetivo geral a escrever para resolver um problema de forma sistemática. A figura seguinte explica a sequência.

Documentação

Declaração prévia ao processo

Declarações globais Main { H corpo do programa Declarações de variáveis locais Declarações do programa Chamada de funções definidas pelo utilizador (se necessário) } funções 01 funções 02 funções 03

Noutro exemplo de programa simples

```
Documentação Declarações globais
init main (){
declarações de variáveis Declarações de programação C Chamada de funções
return 0:
}
funções 01
```

Documentações

Um programa de software é composto por comandos para o computador e texto para os programadores. A documentação é necessária em todos os projectos de software para que um ser humano possa compreender porquê, como e por quem este código foi escrito. No caso de um grande projeto ser escrito com sintaxe e códigos, será demasiado moroso para qualquer pessoa conhecer o projeto.

A secção de documentação consiste num conjunto de linhas de comentário que dão o nome do programa, outro nome e outros detalhes, que o programador gostaria de utilizar mais tarde. A documentação é necessária para a compreensão dos projectos de software por parte dos programadores e de outros membros do pessoal de gestão.

Âmbito das variáveis:

O âmbito significa até que ponto esta variável funcionará no programa. Cada variável tem um limite ou âmbito no qual irá funcionar, para além desse âmbito não irá funcionar. Estas estão divididas em dois tipos principais. Conhecidas como Variáveis Globais e Variáveis Locais.

Declarações globais:

As variáveis declaradas como globais são visíveis e estão disponíveis em todo o programa/projeto de software. Estas variáveis são declaradas fora da função principal ( ), bem como das funções definidas pelo utilizador, e são designadas por variáveis globais.

Declarações locais:

As variáveis declaradas e os valores armazenados estão disponíveis com em limitado com em uma função , com em um escopo especificado. A declaração de variáveis é uma parte do programa C e todas as variáveis utilizadas na função main ( ) devem ser declaradas na secção de declaração local, denominada variáveis locais. Podem ser matrizes, funções, ponteiros, etc. Os exemplos seguintes ilustram esta situação.

Outro exemplo

```
principal ( ) {
int sum= O; !!! Variáveis locais int x; // Variáveis locais float y; /! Variáveis locais
}
```

Resumo:

1. O C tem uma estrutura fixa para escrever e compreender programas.

2. Isto ajudou a escrever o código.
3. As variáveis têm um âmbito e funcionam com esse âmbito.

Descrição do problema: Quero escrever uma variável para armazenar valores, quais são as regras básicas.

Variável :

É um nome de dados que é utilizado para armazenar dados e que pode mudar durante a execução do programa.

O nome da variável é um nome dado à localização das células de memória de um computador onde os dados são armazenados.

int ct	=	10
Ct	=	27
Ct	=	145

Regras para variáveis:

- O primeiro carácter deve ser uma letra ou um alfabeto.
- Não é permitida a utilização de palavras-chave como nome de variável.
- Não são permitidos espaços em branco.
- C é sensível às maiúsculas e minúsculas, ou seja, as maiúsculas e as minúsculas são significativas.
- Só é permitido o sublinhado e o símbolo especial entre dois caracteres.
- O comprimento do identificador pode ir até 31 caracteres, mas apenas os primeiros 8 caracteres são significativos para o compilador.

Resumo:

1. A variável é necessária para armazenar um número no sistema.
2. A variável tem algumas regras básicas.
3. O valor da variável pode ser alterado durante o programa.
4. A variável pode armazenar o valor de um tipo de dados.
5. A declaração de variáveis é uma parte essencial do programa.
6. As variáveis locais têm um âmbito reduzido definido por chavetas.
7. As variáveis globais têm o âmbito de todo o programa.

Constantes:

As constantes são os valores da variável que não se alteram durante o programa. Por vezes, é necessário armazenar valores de constantes matemáticas como pi e etc. no programa. Todas as regras básicas da declaração de variáveis também serão aplicadas.

A palavra-chave const

Pode utilizar o prefixo **const** para declarar constantes com um tipo específico, da seguinte forma:

variável de tipo constante = valor.

em pormenor, será utilizado nas próximas unidades.

Resumo:

1. Constantes significa que o valor da variável não se altera durante o programa.
2. Utilizado para armazenar constantes matemáticas.
3. Utilizado para armazenar valores no programa.

Instalação de C:

Descrição do problema: Como instalar o compilador c no sistema.

C está disponível em e também instalação no seu sistema e c com editores também estão disponíveis. Esta figura mostra o processo de instalação no computador . podem mudar de versão para versão consoante o sistema operativo.

Ferramenta de instalação do MinGW Installation Manager

MinGW Installation Manager Setup Tool

mingw-get version 0.6.2-beta-20131004-1

Written by Keith Marshall
Copyright © 2009-2013, MinGW.org Project
http://mingw.org

This is free software; see the product documentation or source code, for copying and redistribution conditions. There is NO WARRANTY; not even an implied WARRANTY OF MERCHANTABILITY, nor of FITNESS FOR ANY PARTICULAR PURPOSE.

This tool will guide you through the first time setup of the MinGW Installation Manager software (mingw-get) on your computer; additionally, it will offer you the opportunity to install some other common components of the MinGW software distribution.

After first time setup has been completed, you should invoke the MinGW Installation Manager directly, (either the CLI mingw-get.exe variant, or its GUI counterpart, according to your preference), when you wish to add or to remove components, or to upgrade your MinGW software installation.

View Licence | Install | Cancel

MinGW Installation Manager Setup Tool

mingw-get version 0.6.2-beta-20131004-1

Step 1: Specify Installation Preferences

Installation Directory

C:\MinGW | Change

If you elect to change this, you are advised to avoid any choice of directory which includes white space within the absolute representation of its path name.

User Interface Options

Both command line and graphical options are available. The command line interface is always supported; the alternative only if you choose the following option to ...

☑ ... also install support for the graphical user interface.

Program shortcuts for launching the graphical user interface should be installed ...

◉ ... just for me (the current user), or ... ○ ... for all users * ...

☑ ... in the start menu, and/or ... ☑ ... on the desktop.

* selection of this option requires administrative privilege.

View Licence | Continue | Cancel

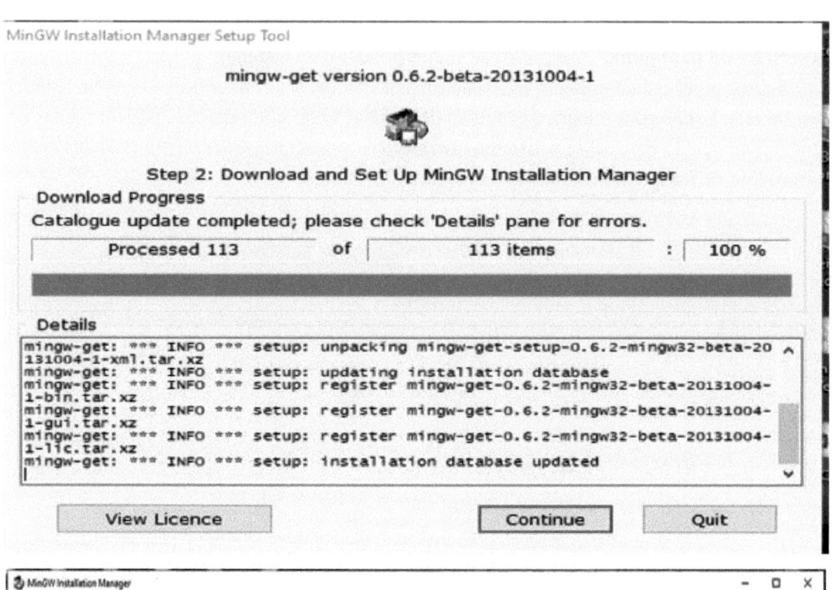
MinGW Installation Manager Setup Tool
mingw-get version 0.6.2-beta-20131004-1
Step 2: Download and Set Up MinGW Installation Manager
Download Progress
Catalogue update completed; please check 'Details' pane for errors.
Processed 113
of
113 items
100 %
Details
mingw-get: *** INFO *** setup: unpacking mingw-get-setup-0.6.2-mingw32-beta-20131004-1-xml.tar.xz
mingw-get: *** INFO *** setup: updating installation database
mingw-get: *** INFO *** setup: register mingw-get-0.6.2-mingw32-beta-20131004-1-bin.tar.xz
mingw-get: *** INFO *** setup: register mingw-get-0.6.2-mingw32-beta-20131004-1-gui.tar.xz
mingw-get: *** INFO *** setup: register mingw-get-0.6.2-mingw32-beta-20131004-1-lic.tar.xz
mingw-get: *** INFO *** setup: installation database updated
View Licence
Continue
Quit

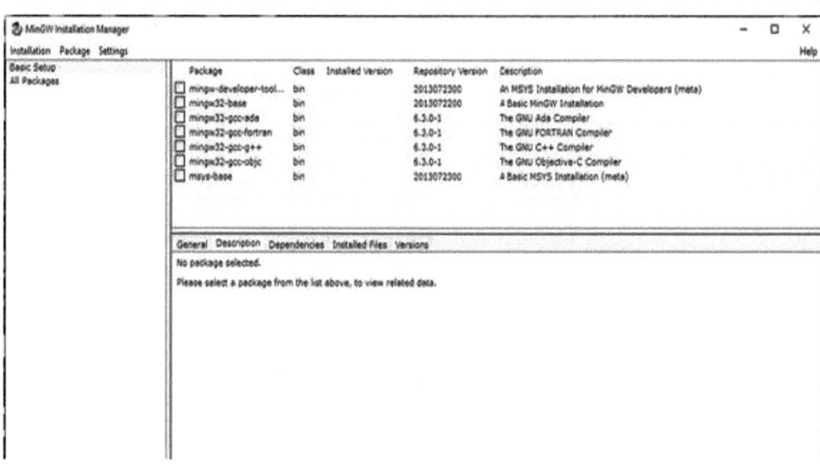
MinGW Installation Manager
Installation Package Settings
Help
Basic Setup
All Packages
Package Class Installed Version Repository Version Description
mingw-developer-tool... bin 2013072300 An MSYS Installation for MinGW Developers (meta)
mingw32-base bin 2013072200 A Basic MinGW Installation
mingw32-gcc-ada bin 6.3.0-1 The GNU Ada Compiler
mingw32-gcc-fortran bin 6.3.0-1 The GNU FORTRAN Compiler
mingw32-gcc-g++ bin 6.3.0-1 The GNU C++ Compiler
mingw32-gcc-objc bin 6.3.0-1 The GNU Objective-C Compiler
msys-base bin 2013072300 A Basic MSYS Installation (meta)
General Description Dependencies Installed Files Versions
No package selected.
Please select a package from the list above, to view related data.

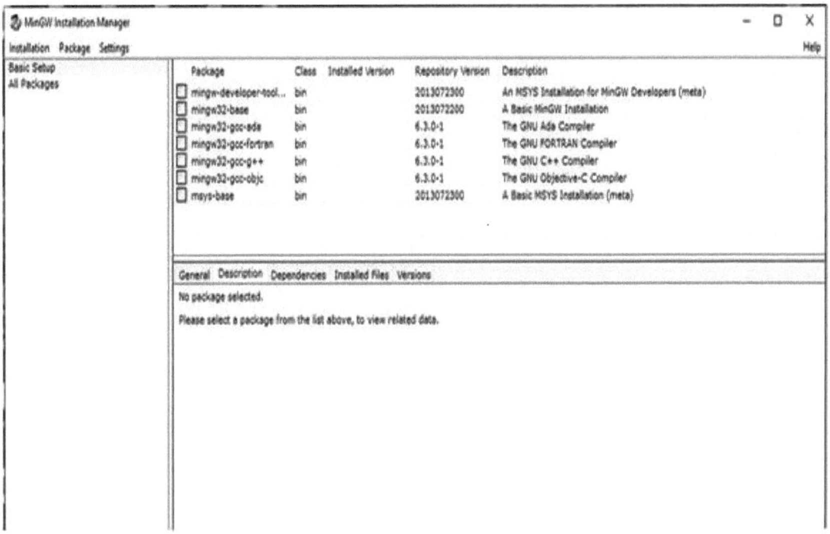

Compiladores de programação C:

Para correr e executar o código de programação c, são necessários compiladores c. Existem muitas formas de compilar o código disponível. Aqui discutimos duas formas principais de compilar o código.

1. Compiladores em linha

Estão disponíveis compiladores em linha e não é necessária qualquer compilação ou instalação de software. Esta é uma forma fácil de aprender e executar o código. Utilizei o compilador online w3scool para o código escrito neste livro. Alguns dos compiladores c mais populares são .

1. https://www.w3schools.com/c/tryc.php?filename=demo_helloworld
2. https://replit.com/languages/c
3. etc., pode pesquisar em qualquer motor de busca.

2. Instalar software no seu computador:

Para o desenvolvimento de software, é necessário instalar o compilador no sistema local. Atualmente, o gcc e o minGW estão disponíveis para transferência e instalação. Além disso, o bloco de código está disponível com um editor, o notepad plus também pode ser utilizado para escrever o código.

Resumo:

1. C é instalado no computador local e funciona no prompt do DOS.
2. C está disponível para compilação em linha.
3. C está disponível com editores de programação.

***

Capítulo 02 : Tipos de dados

"Quando começares a trabalhar numa coisa, não tenhas medo de falhar e não a abandones.

As pessoas que trabalham com sinceridade são as mais felizes". - Chanakya

Objectivos de aprendizagem:

Após a conclusão desta unidade, o aluno será capaz de

1. Utilização de tipos de dados.
2. Como os diferentes tipos de dados são armazenados no programa.
3. Como são armazenadas as constantes.
4. Relação entre a necessidade de espaço e os limites de armazenamento de dados.
5. Compreensão dos números, caracteres, etc.

Após a conclusão deste capítulo, os alunos serão capazes de compreender e escrever programas para a utilização de números e caracteres no programa.

Declaração do problema:

Como armazenar os números e os caracteres no programa c e quanto espaço é necessário.

Compreender os números:

Ao efetuar um cálculo financeiro, matemático ou científico, quais são os números mais frequentemente utilizados. Geralmente, de 0 a 100, 5000 ou um número superior, alguns números estão em decimal como 100,55 ou 320,76767, etc., os cálculos científicos são de natureza maior e os números são representados em termos de expressões exponenciais. Será que todos estes números requerem o mesmo tratamento ou a mesma quantidade de espaço para serem escritos no papel? Naturalmente, sentiremos que os números pequenos requerem menos espaço, enquanto os números grandes requerem mais espaço.

Número	Espaço mannunal Necessário	espaço necessário no computador
5	pequeno	pequeno
260	relativamente grande	relativamente grande
35650	mais espaço grande	mais espaço grande
35650.55	relativamente mais espaço	relativamente mais espaço

Este comportamento continuará a armazenar estes números na memória do computador. Temos de saber que todos os números têm de ser armazenados nalgum local dentro do computador para efetuar algumas operações matemáticas. Tal como fazemos com papel e caneta.

Exercício 01: Adicionar 15 e 17 usando papel e caneta

Exercício 02: adicionar 25786 e 3542 com lápis e papel.

Definição:

"O tipo de dados pode ser definido como o tipo de dados de uma variável ou de uma constante armazenada."

Na linguagem de programação C, os tipos de dados referem-se a um sistema alargado utilizado para declarar variáveis ou funções de diferentes tipos. O tipo de variável determina a quantidade de espaço que ocupa no armazenamento e a forma como o padrão de bits armazenado é interpretado.

Resumo:

1. Os dados e o programa são duas entidades diferentes.
2. Os dados têm várias caraterísticas e propriedades.
3. Os dados são divididos em muitas subcategorias com base nas suas caraterísticas.

Tipos de dados básicos

Descrição do problema: Sei como escrever números e caracteres em papel e caneta, mas como utilizar números em programação.

O C tem um conceito de tipos de dados que são utilizados para definir uma variável antes da sua utilização. A definição de uma variável atribui um local de armazenamento para a variável e define o tipo de dados que serão guardados nesse local. O valor de uma variável pode ser alterado em qualquer altura.

C tem os seguintes tipos de dados básicos incorporados.

1. int
2. flutuar
3. duplo
4. char

Os tipos de dados em C podem ser classificados da seguinte forma:

N.º Sr.	Tipo	Descrição
1	Tipos básicos	São tipos aritméticos e consistem em dois tipos: (a) tipos inteiros e (b) tipos de vírgula flutuante.
2	Enumerados tipos	São novamente tipos aritméticos e são utilizados para definir variáveis às quais só podem ser atribuídos determinados valores inteiros discretos ao longo do programa
3	O tipo void	O tipo especificado void indica que não existe nenhum valor disponível
4	Tipos derivados	Incluem (a) tipos de ponteiro, (b) tipos de matriz, (c) tipos de estrutura, (d) tipos de união e (e) tipos de função

Os tipos de matriz e os tipos de estrutura são referidos coletivamente como tipos agregados.

O tipo de uma função especifica o tipo do valor de retorno da função. Veremos os tipos básicos na secção seguinte, enquanto outros tipos serão abordados nos próximos capítulos.

Compreender o espaço na memória:

A memória do computador é um dispositivo eletrónico que armazena números sob a forma de 0 e 1 e alguns dos conceitos de armazenamento podem ser entendidos como .

1. É possível, no mínimo, um flip flop, circuito, circuito digital que possa armazenar as seguintes possibilidades

Tamanho Nome Armazenamento total possível

1 Bit 0 e 1

2. O próximo tamanho possível é 8.

Tamanho								Nome	Armazenamento total possível
1	2	3	4	5	6	7	3	1 Byte	{0 ou 1) conjunto totaLB

3. A próxima combinação possível será em múltiplo de 8, portanto será como.

1 Byte								1 Byte								Name	Total possible Storage
1	2	3	4	5	6	7	8	1	2	3	4	5	6	7	8	2 Byte	(0 or 1) total 16 set

4. Portanto, o próximo será 4 bytes ou 8 bytes

Isto serve para compreender o lado técnico do hardware disponível e ajudar-nos-á a compreender os requisitos da memória. A sua capacidade mínima e máxima para armazenar os dados.

Palavra-chave	Especificador de formato	Tamanho	Intervalo de dados
int	%d	2 Bytes	-32768 a +32767
int longo	%ld	4 Bytes	-2^{31} a $+2^{31}$
int sem sinal	%u	2 Bytes	0 a 65535

Uma abordagem sensata para o Espaço

Na maior parte das vezes, os alunos ficam confusos ou não compreendem quanto espaço é necessário, ou que tipos de dados devem ser selecionados. A maioria seleciona int para todos os fins. O espaço de memória global é limitado e o programador tem de o utilizar de forma eficiente. É necessária uma utilização eficiente de todos os recursos do computador. Vejamos com um exemplo de utilização quotidiana. Um leiteiro vem servir leite, precisa de 1 litro de leite, ele tem o leite num recipiente grande, então podem ocorrer as seguintes situações

Consideremos agora o leite como tipo de dados e o contentor como tipo de dados.

Quantidade de leite do fornecedor	Capacidade dos contentores no fim do recetor	Comentários.
1 litro	250 ml	Perda de leite, perda de dados, decisão de dormir
1 litro	500 ml	Perda de leite, perda de dados, decisão de dormir
1 litro	1 litro	Sem perda de leite, sem perda de dados, boa decisão, utilização eficiente
1 litro	2 Litros	Sem perda de leite, sem perda de dados, boa decisão, utilização eficiente
1 litro	5 Litros	Sem perda de leite, sem perda de dados, não é uma boa decisão, não é uma utilização eficiente
1 litro	10 litros	Sem perda de leite, sem perda de dados, decisão de cama, desperdício de espaço, utilização não eficiente
1 litro	100 litros	Não há perda de leite, não há perda de dados, decisão muito difícil, desperdício de espaço, não é uma utilização eficiente
1 litro	1000 litros	Não há perda de leite, não há perda de dados, decisão muito difícil, desperdício

		de espaço, não é uma utilização eficiente

Os alunos devem compreender os dados e a sua natureza, bem como o espaço necessário para os armazenar, e selecionar o tipo de dados de acordo com os requisitos. Durante o programa, deve haver uma utilização eficiente de todos os recursos. Durante a programação, não deve haver perda de dados e a utilização do espaço deve ser eficiente.

int - tipo de dados

Descrição do problema: Quero trabalhar com números em programação, como utilizar números.

No nosso quotidiano, trabalhamos com números. Neste tópico, vamos falar de números que têm valores completos, de 0 a qualquer tamanho, em ambos os sentidos, positivo ou negativo. A primeira pergunta que nos vem à cabeça é quanto espaço é necessário para escrever um número, qual o mecanismo para escrever e imprimir os números no ecrã. Para escrever um número no software, temos de declarar uma variável do tipo int. A variável é um nome de espaço temporário na memória onde o valor será armazenado, o int tem um espaço de dois bytes e pode armazenar valores no intervalo de -32768 a +32767, %d é utilizado para imprimir valores no ecrã.

Uma variável é declarada e os valores são armazenados da seguinte forma.

int é utilizado para definir números inteiros.

Este programa explica como armazenar um valor numa variável e imprimi-lo.

Programa	Escreva um programa para declarar a variável int.

Código	#include <stdio.h>
	int main() {
	int ct;
	ct = 25;
	printf(" Declaração da variável int : %d",ct);
	retorno 0;
	}

Saída	variável int Declaração: 25
Análise	Passo 1: declaração de variáveis Passo 2: atribuir um valor a uma variável Passo 3: imprimir o valor da variável na consola.

Os números são demasiado grandes, ou a contagem pode ir até ao infinito, qual é o valor máximo e mínimo que pode ser armazenado. Este programa mostra o número máximo que pode ser armazenado no tipo de dados int.

Programa	Qual é o valor máximo que um int pode armazenar

Código	#include <stdio.h>
	int main() {
	int ctmax;
	ctmax = 32767;
	printf(" int max = %d",ctmax); regresso 0;
	}

Saída	int ctmax = 32767

Análise	o valor máximo é atribuído à variável max.

Os programas seguintes mostram a capacidade máxima a armazenar na variável e a lógica subjacente.

Programa	escrever um programa para compreender a variável int.

Código	#include <stdio.h>
	int main() {
	int ctmax;
	ctmax = 32768;
	printf(" int max = %d",ctmax); regresso 0;
	}

Saída	int ctmax = -32768
Análise	A saída é um erro, a apresentação do número errado, perda de dados.

Muitas vezes, no cálculo, é necessário armazenar um número negativo. Este programa mostra a sua utilização.

Programa	escrever um programa para compreender a variável int.

Código	#include <stdio.h>
	int main() {
	int ctmax;
	ctmax = -32768;
	printf(" int ctmax = %d",ctmax);
	retorno 0;
	}

Saída	int ctmax = -32768
Análise	na

Qual é o número negativo máximo que uma variável pode armazenar. Tipo de dados int que armazena valores mínimos.

Programa	escrever um programa para compreender a variável int.

Saída int ctmax = -2147483648

Código	#include <stdio.h>
	int main() {
	int ctmax;
	ctmax = -2147483648;
	printf(" int max = %d",ctmax);
	retorno 0;
	J

Análise O valor correto é armazenado e impresso

O que acontecerá no caso de o valor exceder o intervalo no lado negativo em 1 número.

Programa	escrever um programa para compreender a variável int.

Código	#include <stdio.h>
	int main() {
	int ctmax;
	ctmax = -2147483649;
	printf(" int ctmax = %d",ctmax);
	retorno 0;
	}

Saída	int ctmax = 2147483647
Análise	A saída está errada e deve-se ao facto de a capacidade ser excedida

Armazenamento do número máximo positivo de int no tipo de dados.

Programa	escrever um programa para compreender a variável int.

Código	#include <stdio.h>
	int main() {
	int ctmax;
	ctmax = 2147483647;
	printf(" int ctmax = %d",ctmax);
	retorno 0;
	}

Saída	int ctmax = 2147483647
Análise	A saída está correta, o valor armazenado está a aparecer na saída.

Agora aumentamos o valor, vendo o impacto no valor armazenado e no valor de saída.

Programa	escrever um programa para compreender a variável int.

Código	#include <stdio.h>
	int main() {
	int max;
	max = 2147483648;
	printf(" int max = %d",max);
	retorno 0;
	}

Saída	int max = -2147483648
Análise	A saída está incorrecta, o valor atribuído é diferente

Int sem sinal

Programa	escrever um programa para compreender a variável int.

Código	#include <stdio.h>
	int main() {
	unsigned int max;
	max = 2147483648;
	printf(" int max = %u",max);

	retorno 0; }
Saída	int max = 2147483648
Análise	O valor armazenado é correto

Int longo

Programa	escrever um programa para declarar uma variável inteira longa

Código	#include <stdio.h>
	int main() {
	long int ct;
	ct = 655360000L;
	printf(" Declaração de int longo : %ld",ct);
	retorno 0;
	}

Saída	Long int Declaração : 655360000
Análise	Neste programa, uma variável long int é declarada e valores são atribuídos a ela.

Resumo:

1. int é o tipo de dados mais frequentemente utilizado.
2. armazenará números.
3. Int ocupará um espaço de 2 Byte ou 4 Byte na memória.
4. Tem limites superiores e inferiores para o armazenamento de dados.

float - tipo de dados

Descrição do problema: Quero armazenar números como 2.5, 100.67, 5762.45 e utilizá-los em a programação.

O tipo de dados **float** é utilizado para definir números de vírgula flutuante. Se pretender armazenar números como 2,5, etc., tenho de declarar o tipo de dados como float.

O nosso próximo programa é sobre a declaração de variáveis float e a demonstração de comandos para a sua utilização.

Palavra-chave	Especificador de formato	Tamanho	Intervalo de dados
flutuar	%f	4 Bytes	
duplo	%lf	8 bytes	$-1.7e^{38}$ a $+1.7e^{38}$
long double	%Lf		$-3.4e^{38}$ a $+3.4e^{38}$

Tipo	Tamanho do armazenamento	Gama de valores	Precisão
flutuar	4 bytes	1.2E-38 a 3.4E+38	6 casas decimais
duplo	8 bytes	2.3E-308 a 1.7E+308	15 casas decimais
long double	10 bytes	3.4E-4932 a 1.1E+4932	19 casas decimais

Os requisitos de memória do tipo de dados "float" podem ser compreendidos através desta figura.

1 Byte	2 Byte	3 Byte	4 Byte
1 2 | 3 | 4 | 5 6 7 | | | B	1 2 | 3 | 4 | 5 6 7 | | | B	1 2 | | 3 [illegible] 5 6 7 8 | | |	1 2 | 3 | 4 | B 6 7 8 | | |

Programa	escrever um programa para compreender a variável float.

Código	#include <stdio.h>
	int main() {
	flutuação máx;
	max = 3,555;
	printf(" variável de flutuação :%f",max);
	retorno 0;
	}

Saída	variável flutuante :3.555000
Análise	Valores atribuídos e impressos em variável de folga
Programa	escrever um programa para compreender a variável float.

Código	#include <stdio.h>
	int main() {
	flutuação máx;
	max = -3,555;
	printf(" variável de flutuação :%f",max);
	retorno 0;
	}

Saída	variável flutuante :-3.555000
Análise	Valores negativos atribuídos e impressos numa variável de flutuação

Programa	escrever um programa para compreender a variável float.
Código	#include <stdio.h> #include <float.h>

	int main() {
	printf("Encontrar o tamanho, o valor máximo e o valor mínimo do flutuador\n");
	printf("Tamanho do armazenamento para float : %d \n", sizeof(float));
	printf("Valor mínimo positivo do flutuador: %E\n", FLT_MIN);
	printf("Valor máximo positivo do flutuador: %E\n", FLT_MAX);
	printf("Valor de precisão: %d\n", FLT_DIG);
	retorno 0;
	}

Saída	Encontrar o tamanho, o valor máximo e o valor mínimo do flutuador Tamanho de armazenamento para flutuador : 4 Valor mínimo positivo do flutuador: 1,175494E-38 Valor máximo positivo do flutuador: 3.402823E+38 Valor de precisão: 6
Análise	O programa acima exibe a capacidade do tipo de dados float.

double - tipo de dados

o que acontecerá se os meus números forem ainda maiores do que a capacidade dos tipos de dados float.

double é utilizado para definir números de vírgula flutuante BIG. Reserva o dobro do armazenamento para o número. Nos PCs, é provável que sejam 8 bytes.

O tamanho da memória necessária pode ser entendido através da figura seguinte.

<table>
<tr><th>1 byte</th><th>2 Byte</th><th>3 Byte</th><th>4 Byte</th></tr>
<tr><td>1 2 3 4 5 6 7 8| | | | | |</td><td>1 2| 3 | 4| 5 6 7 8| | |</td><td>1 2 3 4 5 6| | | | | | 7B</td><td>1|2|3|4|5|6|7|3</td></tr>
</table>

<table>
<tr><th>5 bytes</th><th>6 bytes</th><th>7 Byte</th><th>8 bytes</th></tr>
<tr><td>1 2 3 4 5 6 7 8| | | | | |</td><td>1 2| 3 | 4| 5 6 7 8| | |</td><td>1 2 3 4 5 6 7 8| | | | | |</td><td>1|2|3|4|5|6|7|3</td></tr>
</table>

Programa	escrever um programa para compreender a variável float.

Código	#include <stdio.h>
	int main() {
	duplo máximo;
	max = -3,555;

	printf(" variável dupla :%f",max); return 0; }
Saída	variável dupla :-3.555000
Análise	NA

Programa	escrever um programa para encontrar a capacidade máxima e mínima de um duplo.

Código	#include <stdio.h>
	#include <float.h>
	int main() {
	printf("Encontrar o tamanho, o valor máximo e o valor mínimo de double\n");
	printf("Tamanho do armazenamento para double : %d \n", sizeof(double));
	printf("Valor mínimo duplo positivo: %E\n", FLT_MIN);
	printf("Valor duplo positivo máximo: %E\n", FLT_MAX);
	printf("Valor de precisão do duplo: %d\n", FLT_DIG);
	retorno 0;
	}

Saída	Encontrar o tamanho, o valor máximo e o valor mínimo do double Tamanho da arrumação para casal : 8 Valor mínimo duplo positivo: 1,175494E-38 Valor duplo positivo máximo: 3.402823E+38 Valor de precisão do duplo: 6
Análise	Este programa está a utilizar o operador sizof e o operador FLT_MIN,FLT_MAX para descobrir a capacidade mínima e máxima de uma variável dupla

Resumo:

1. Float pode armazenar números com valores decimais ou números reais.
2. Ocupa mais espaço na memória do que o int.
3. Tem os limites inferior e superior na memória.

char - tipo de dados

Descrição do problema: Quero armazenar palavras inglesas, alfabetos de qualquer língua como A, B e como utilizá-los.

O tipo de dados char é utilizado para armazenar um único carácter, um único alfabeto, que é atribuído entre aspas simples. Char é uma posição de memória de um byte. Char tem localizações de 8 bits e pode armazenar valores de 127 a -128. Ou o char sem sinal pode armazenar valores de 0 a 255. Os exemplos seguintes mostram a utilização de tipos de dados char.

Palavra-chave	Especificador de formato	Tamanho	Intervalo de dados
char	%c	1 Byte	-128 a +127
char sem sinal			0 a 255

O tamanho da memória necessária pode ser entendido através da figura seguinte.

1 Byte

1	2	3	4	5	6	7	8

Programa	escrever um programa para explicar o tipo de dados char.

Código	#include <stdio.h>
	int main() {
	char ct;
	ct = "A";
	printf("variável char: %c\n", ct);
	retorno 0;
	}

Saída	variável char: A

Escreva um programa para explicar o tipo de dados char.

Código	#include <stdio.h>
	int main() {
	char ct;
	ct = 127;
	printf("variável char: %d\n", ct);
	retorno 0;
	}

Saída	variável char: 127

Análise

Erro se o valor for 128

Programa	escrever um programa para explicar o tipo de dados char.
Código	#include <stdio.h>

	int main() {
	char ct;
	ct = 128;
	printf("variável char: %d\n", ct);
	retorno 0;
	}

Saída	variável char: -128
Análise	Erro na saída devido a número fora do intervalo como entrada

Programa	escrever um programa para explicar o tipo de dados char.
Código	#include <stdio.h> int main() { char ct;

	ct = -128;
	printf("variável char: %d \n", ct);
	retorno 0;
	}

Saída	variável char: -128
Análise	Valor negativo atribuído à variável.

Programa	escrever um programa para explicar o tipo de dados char.

Código	#include <stdio.h>
	#include <stdlib.h>
	#include <limits.h>
	#include <float.h>
	int main(int argc, char** argv) {
	printf(" Tipos de dados de caracteres \n");
	printf("CHAR_BIT : %d\n", CHAR_BIT);
	printf("CHAR_MAX : %d\n", CHAR_MAX); printf("CHAR_MIN : %d\n", CHAR_MIN); return 0;
	}

Saída	Tipos de dados char CHAR_BIT : 8 CHAR_MAX : 127 CHAR_MIN : -128
Análise	Programa que indica a capacidade mínima e máxima.

Representação do valor ASCII do tipo de dados char

Escreva um programa para explicar o tipo de dados char.	

Código	#include <stdio.h>
	int main() { char x ='a';
	printf (" Valor de x = %c\n",x);
	printf ("Valor de x = %d\n",x);
	x++;
	printf (" Valor de x = %c\n",x);
	printf ("Valor de x = %d\n",x);
	retorno 0;

	}
Saída	Valor de x = a Valor de x = 97 Valor de x = b Valor de x = 98
Análise	Programa que mostra o comportamento int dos tipos de dados char.

Resumo:

1. Char pode armazenar uma única letra da língua inglesa.
2. Ocupa 1 Byte de espaço de memória.
3. Também se comporta como um int.
4. Para armazenar duas letras inglesas, é necessário declarar duas variáveis char separadas.

Tamanho da memória:

Programa	Escreva um programa para descobrir a memória necessária para uma variável int.

Código	#include <stdio.h>
	#include <limits.h>
	int principal()
	{
	printf("Encontrar o requisito de memória para a variável\n");
	printf("O tamanho do armazenamento para a variável int é = %d \n", sizeof(int)); return 0;
	}

Saída	Encontrar a necessidade de memória para a variável O tamanho do armazenamento para a variável int é = 4
Análise	O tamanho do comando devolve-nos a memória necessária para um determinado tipo de dados.

Ao compilar e executar o programa acima, ele produz o seguinte resultado no Linux:
Tamanho de armazenamento para int : 4
Tipos de ponto flutuante
A tabela seguinte apresenta pormenores sobre os tipos de vírgula flutuante padrão com tamanhos de armazenamento e intervalos de valores e respectiva precisão:

tipos de dados nulos:

Void significa sem valor; a variável não pode ser declarada como um tipo de dados como void. void tem algumas das aplicações durante o programa, algumas das condições são as seguintes.

1. Void é um tipo de dados vazio que não tem valor.
2. Isto pode ser utilizado em funções e apontadores.
3. A função é devolvida como nula.

Resumo:

1. void significa que não há valor de retorno.
2. É frequentemente utilizado com funções.

tipo de dados enumerado:

Descrição do problema: Tenho dados de entrada que não se enquadram em nenhuma das categorias definidas nos tipos de dados.

O tipo de enumeração permite aos programadores definir o seu próprio tipo de dados. A palavra-chave enum é utilizada para definir um tipo de dados enumerado.

enum type_name{ value1, value2,...,valueN };

Aqui, *type_name* é o nome do tipo de dados enumerado ou da etiqueta. E *value1*, *value2*, ,*valueN* são

valores do tipo *nome_do_tipo*.

Por predefinição, *o valor1* será igual a 0, *o valor2* será 1 e assim sucessivamente, mas o programador pode alterar o valor predefinido da seguinte forma:

```
enum suit{
clube=0;
diamantes=10;
corações=20;
espadas=3;
};
```

Declaração de variável enumerada

O código acima define o tipo de dados, mas não é criada qualquer variável. A variável do tipo enum pode ser criada como:

```
enum boolean{
falso;
verdadeiro;
};
enum boolean check;
```

Aqui, é declarada uma variável check que é do tipo **enum boolean**.

Exemplo de tipo enumerado

```
#include <stdio.h>
enum week{ domingo, segunda, terça, quarta, quinta, sexta, sábado};
int main(){
enum semana hoje;
today=Quarta-feira;
printf("%d dia",hoje+1);
retorno 0;
}
```

Saída 4 dias

É possível escrever qualquer programa em linguagem C sem a ajuda de enumerações, mas as enumerações ajudam a escrever códigos claros e simplificam a programação.

Declaração do problema: Eu quero usar o valor de PI no meu programa matemático, como usá-lo

Programa	Escreva um programa utilizando variáveis locais.

Código	#include <stdio.h>
	int g; // Variável global
	int main () {
	/* declaração de variável local */

	int a, b;
	a = 10;
	b = 20;
	g = a + b;
	printf ("valor de a = %d, b = %d e g = %d\n", a, b, g); return 0;
	}

Saída	valor de a = 10, b = 20 e g = 30
Programa	Escreva um programa que utilize variáveis globais.

Código	#include <stdio.h>
	/* declaração de variável global */ int g;
	int main () {
	/* declaração de variável local */ int a, b;
	a = 10;
	b = 20;

	g = a + b;
	printf ("valor de a = %d, b = %d e g = %d\n", a, b, g); return 0;
	}

Saída	

Um programa pode ter o mesmo nome para variáveis locais e globais, mas o valor da variável local dentro de uma função terá preferência. O exemplo que se segue é um exemplo:

Programa	Escreva um programa que utilize variáveis globais.

Código	#include <stdio.h>
	// declaração de variável global
	int g = 20;
	int main () {
	// declaração de variável local
	int g = 10;
	printf ("valor de g = %d\n", g); return 0;
	}

Saída	valor de g = 10

Resumo:

- Os tipos de dados são básicos em todas as linguagens de programação.
- Int, float e char são tipos de dados básicos.
- Os tipos de dados indicam-nos que tipo de dados podem ser aí armazenados.
- Void significa tipos de dados nulos.

***

Capítulo 03: Operadores

"Ser injustiçado não é nada, a não ser que se continue a lembrar disso." - Confúcio

Objectivos de aprendizagem:

Após a conclusão desta unidade, o aluno será capaz de

- Tipos de operadores.
- Utilização dos operadores.
- Erros comuns de programação

Introdução:

Este capítulo centra-se nas operações sobre os números, que são parte essencial de todas as fórmulas, de todos os cálculos, e vai focar-se em como escrever programas para os cálculos.

Operadores e expressões em C

Os operadores são necessários para efetuar algumas operações matemáticas ou lógicas sobre os dados. Um operador é um símbolo que diz ao compilador para efetuar manipulações matemáticas ou lógicas específicas. A linguagem C é rica em operadores incorporados e fornece os seguintes tipos de operadores:

1. Operadores aritméticos
2. Operadores relacionais
3. Operadores lógicos
4. Operadores bit a bit
5. Operadores de atribuição
6. Operadores diversos

Este tutorial explicará os operadores aritméticos, relacionais, lógicos, bit a bit, de atribuição e outros, um a um.

Operadores aritméticos

Aritmética significa todas as operações matemáticas a efetuar sobre os números. Agora pegue numa variável dois e guarde dois valores da seguinte forma.

int ac = 11;

int ad = 6;

Esta tabela apresenta as operações aritméticas básicas.

N.º Sr.	Operador	Comentário
1	+	Adiciona dois operandos
2	-	Subtrai o segundo operando do primeiro
3	*	Multiplica ambos os operandos
4	/	Divide o numerador pelo de-numerador
5	%	Operador de módulo e resto de após uma divisão de um número inteiro
6	++	O operador Increments aumenta o valor inteiro em uma unidade
7		O operador de diminuição diminui o valor inteiro em uma unidade

Agora, alguns dos programas mostrarão a utilização e a implementação dos operadores. A seguir, o programa utiliza variáveis e mostra o uso de operadores aritméticos na programação. Entende-se que cada programa tem um objetivo de resolver um problema utilizando comandos e operadores. Neste programa, estamos a demonstrar a utilização de operadores aritméticos.

Programa	escrever um programa para implementar Operadores Aritméticos

Código	#include <stdio.h>
	int A= 32;
	int B =10;
	int main() {
	printf("Operadores aritméticos \n");
	printf("Valor da variável A = %d\n", A);
	printf("Valor da variável B = %d\n\n", B);
	printf("utilização de + operador\n");
	printf("Resultado da operação A+B = %d\n\n", A+B);
	printf("utilização de - Operador\n");
	printf("Resultado da operação A-B = %d\n\n", A-B);
	printf("utilização de * operador\n");
	printf("Resultado da operação A*B = %d\n\n", A*B);
	printf("utilização de Divide By operator\n");
	printf("Resultado da operação A/B = %d\n\n", A/B);
	printf("utilização do operador de fórmulas\n");
	printf("Resultado da operação A%B = %d\n", A%B);
	retorno 0;
	}

Saída	Operadores aritméticos Valus da variável A = 32 Valor da variável B = 10 utilização do operador + Resultado da operação A+B = 42 utilização do - Operador
	Resultado da operação A-B = 22 utilização do operador * Resultado da operação A*B = 320 utilização do operador Dividir por Resultado da operação A/B = 3 utilização do operador Modulas Resultado da operação A%B = 2
Análise	O programa acima implementa operações básicas.

O programa seguinte mostra a utilização do operador de atribuição e a transferência de valores de uma variável para outra.

Programa	escrever um programa para compreender os Operadores de Atribuição

Código	#include <stdio.h>
	int main() {
	printf("Operador de atribuição \n");
	int runs = 10;
	int pg;
	pg=runs; // utilização do operador de atribuição
	printf("valor da variável pg = %d\n", pg);
	printf("valor da variável runs = %d\n", runs);
	retorno 0;
	}

Saída	Operador de atribuição valor da variável pg = 10 valor da variável runs = 10
Análise	O programa acima implementa operações básicas.

O programa seguinte mostra a utilização das operações aritméticas sobre as duas variáveis.

Escrever um programa para compreender os Operadores Aritméticos

```
Código #include <stdio.h>
int A= 7;
int B =23;
int main() {
printf("Operadores aritméticos \n");
printf("Valores da variável A = %d\n", A);
printf("Valor da variável B = %d\n\n", B);
printf("utilização de + operador\n");
printf("Resultado da operação A+B = %d\n\n",A+B);
printf("utilização de - Operador\n");
printf("Resultado da operação A-B = %d\n\n",A-B);
printf("utilização de * operador\n");
printf("Resultado da operação A*B = %d\n\n",A*B);
printf("utilização de Divide By operator\n");
printf("Resultado da operação A/B = %d\n\n",A/B);
printf("utilização do operador de fórmulas\n");
printf("Resultado da operação A%B = %d\n\n",A%B);
retorno 0;
}
```

Operadores aritméticos de saída
Valores da variável A = 7
Valor da variável B = 23
utilização do operador +
Resultado da operação A+B = 30
utilização de - Operador

	Resultado da operação A-B = -16 utilização do operador * Resultado da operação A*B = 161 utilização do operador Dividir por Resultado da operação A/B = 0 utilização do operador Modulas Resultado da operação A%B = 7
Análise	O programa acima implementa operações básicas.

Resumo:

- Os operadores aritméticos destinam-se às operações matemáticas de base.
- São necessários para todos os cálculos relacionados com a matemática.
- Os operadores aritméticos são utilizados para cálculos matemáticos complexos.

Operadores relacionais

Os operadores relacionais mostram a relação entre dois operandos e o resultado é um valor booleano. Os operadores relacionais comparam os dados e dão como resultado Verdadeiro ou Falso. No quadro são explicados seis tipos de operadores normalmente utilizados e a sua descrição com exemplos. O quadro seguinte mostra todos os operadores relacionais suportados pela linguagem C.

N.º Sr.	Operador	Comentário
1	-	Compara dois operandos iguais ou não e devolve um valor booleano
2	!=	Compara dois operandos iguais ou não; se os valores não forem iguais, a condição torna-se verdadeira.
3	>	Compara dois operandos da esquerda com o valor do operando da direita; se sim, a condição torna-se verdadeira.
4	<	Compara dois operandos da esquerda com o valor do operando da direita; se sim, a condição torna-se verdadeira.
5	>=	Compara dois operandos da esquerda com o valor do operando da direita; se sim, a condição torna-se verdadeira.
6	<=	Compara dois operandos da esquerda com o valor do operando da direita; em caso afirmativo, a condição torna-se verdadeira.

O programa seguinte mostra a aplicação do operador relacional.

Programa	escrever um programa para compreender os Operadores Relacionais

Código	#include <stdio.h>
	int main() {
	printf("Operador relacional \n");
	int runs = 17;
	int pg =10;
	printf("Resultado do operador relacional == %d\n", runs==pg);
	printf("Resultado do operador relacional > %d\n", runs>pg);
	printf("Resultado do operador relacional <= %d\n", runs<=pg);
	printf("Resultado do operador relacional >= %d\n", runs>=pg);
	printf("Resultado do operador relacional <= %d\n", runs<=pg);
	printf("Resultado do operador relacional != %d\n", runs!=pg);
	retorno 0;
	}

Saída	Operador relacional Resultado do operador relacional == 0 Resultado do operador relacional > 1 Resultado do operador relacional <= 0 Resultado do operador relacional >= 1 Resultado do operador relacional <= 0 Resultado do operador relacional != 1
Análise	Não obrigatório , auto-explicativo

Resumo:

- Os operadores relacionais trabalham com relações entre operandos.

- A saída é 0 ou 1, verdadeira ou falsa.
- São utilizados para a tomada de decisões no programa.

Operadores lógicos

Os operadores lógicos são a combinação de dois operandos. O resultado dos operadores lógicos é o valor booleano. Existem três operadores lógicos: 1. Lógico E 2. Lógico OR 3. Lógico NOT. Estes operadores estão relacionados com a matemática e a eletrónica digital básica. Este operador funciona com a combinação do operador relacional. A tabela seguinte mostra todos os operadores lógicos suportados pela linguagem C. Se a variável **A** tiver o valor 1 e a variável **B** tiver o valor 0, então:

N.º Sr.	Operador	Comentário
1	&&	Operador lógico AND. Funciona com os dois operadores relacionais. Se ambos os operandos forem diferentes de zero, então a condição torna-se verdadeira.
2	||	Operador lógico OR. Funciona com os dois operadores relacionais. Se qualquer um dos dois operandos for diferente de zero, então as condições tornam-se verdadeiras.
3	!	Operador lógico NOT. Funciona com os dois operadores relacionais. Utiliza-se para inverter o estado lógico do seu operando. Se uma condição for verdadeira, o operador lógico NOT torná-la-á falsa.

Escreva um programa para mostrar a utilização do operador relacional.

Programa	escrever um programa para compreender os Operadores Lógicos

Código	#include <stdio.h>
	int main() {
	int runs = 17;
	int pg =10;
	printf("Operador lógico \n");
	printf("Resultado do operador lógico && = %d\n", (runs>10)&&(pg<5));
	printf("Resultado do operador lógico && = %d\n", (runs>10)&&(pg<35));

	printf("Resultado do operador lógico && = %d\n", (runs== 17)&&(pg<35)); retorno 0; }
Saída	Operador lógico Resultado do operador lógico && = 0 Resultado do operador lógico && = 1 Resultado do operador lógico && = 1
Análise	NA

No programa seguinte, explicamos o operador ternário, que fornece o resultado com base na saída do operador relacional.

Programa	Escreva um programa para explicar a utilização de operadores lógicos.
Código	// Unidade 01, Capítulo 03 #include <stdio.h>

<table>
<tr><td></td><td>void main() {
printf("Operadores lógicos \n");
int runs = 7;   // Declaração de variáveis e atribuição de valores
int pg =17;   // Declaração de variáveis e atribuição de valores
pg = (runs>10)? 55:85;
printf("valor da variável pg = %d\n",pg);
}</td></tr>
<tr><td>Saída</td><td>os valores das variáveis são runs = 23 e pg =17;
Operadores lógicos
valor da variável pg = 55</td></tr>
<tr><td>Saída</td><td>os valores das variáveis são runs = 7 e pg =17;
Operadores lógicos
valor da variável pg = 85</td></tr>
</table>

No programa seguinte foi explicado o operador lógico OR, para o efeito foram consideradas três condições diferentes no programa.

<table>
<tr><td>Programa</td><td>Escreva um programa para explicar a utilização de operadores lógicos.</td></tr>
<tr><td>Código</td><td>// Unidade 01, Capítulo 03
#include <stdio.h>
void main() {
printf("Operadores lógicos \n");
int runs = 10; // Declaração de variáveis e atribuição de valores
int pg =10;   // Declaração de variáveis e atribuição de valores
printf("Resultado do operador || lógico AND = %d\n", (runs>10)||(pg<5));
printf("Resultado do operador || lógico AND = %d\n", (runs>10)||(pg<35));
printf("Resultado do operador lógico || AND = %d\n", (runs== 17)||(pg<35));
}</td></tr>
<tr><td>Saída</td><td>quando os valores das variáveis runs = 17 e pg =10;
Operadores lógicos
Resultado do operador lógico || AND = 1
Resultado do operador lógico || AND = 1
Resultado do operador lógico || AND = 1</td></tr>
<tr><td>Saída</td><td>quando os valores das variáveis runs = 10 e pg =10;
Operadores lógicos
Resultado do operador lógico || AND = 0
Resultado do operador lógico || AND = 1
Resultado do operador lógico || AND = 1</td></tr>
<tr><td>Análise</td><td>Explicação da utilização do operador lógico AND.</td></tr>
</table>

No programa seguinte, o operador lógico NOT foi explicado com a utilização de três condições relacionais.

<table>
<tr><td>Programa</td><td>Escreva um programa para explicar a utilização de operadores lógicos.</td></tr>
<tr><td>Código</td><td>// Unidade 01, Capítulo 03
#include <stdio.h>
void main() {
int runs = 17; // Declaração de variáveis e atribuição de valores
int pg =17;   // Declaração de variáveis e atribuição de valores</td></tr>
</table>

	printf("Resultado de ! operador lógico NOT = %d\n", !(runs>10)); printf("Resultado de ! operador lógico NOT = %d\n", !(pg<35)); printf("Resultado do operador lógico ! NOT = %d\n", !(runs==17)); }
Saída	Operador lógico quando os valores das variáveis são runs = 10 e pg =10; Operadores lógicos Resultado do operador lógico NOT = 1 Resultado do operador lógico NOT = 0 Resultado do operador lógico NOT = 1
Saída	quando os valores das variáveis são runs = 17 e pg =17; Operadores lógicos Resultado do operador lógico NOT = 0 Resultado do operador lógico NOT = 0 Resultado do operador lógico NOT = 0
Análise	Explicação do operador lógico NOT.

Todos os programas acima explicam a utilização de operadores lógicos, de forma separada e simplificada. Nesta fase, devemos ser capazes de compreender onde utilizar estes operadores lógicos e como implementá-los na programação. Os alunos devem ser capazes de pensar onde aplicar estes operadores lógicos.

Resumo:

- Os operadores locais funcionam com base no resultado de duas operações independentes.
- A saída é 0 ou 1, verdadeira ou falsa.
- Utilizado para a tomada de decisões no programa.

Operadores bit a bit

O operador bit a bit trabalha com bits, os bits significam 0 ou 1. Todos os decimais são convertidos em binários e, em seguida, as operações são efectuadas nos dígitos binários. Todos os operadores que foram explicados trabalham sobre o valor, suponhamos que a variável A tem um valor de 3, 5, 7, etc., então os operadores trabalham sobre este valor e fornecem o resultado de acordo com a utilização dos comandos. Mas sabemos que o computador funciona em linguagem de máquina e que todos os dados numéricos são convertidos em valores de máquina. Suponhamos que a variável A = 3, então 3 é o valor decimal que é convertido em linguagem de máquina equivalente a 0011. Da mesma forma, 8 será convertido em 1000 e 7 será convertido em 0111. Este operador Bitwise actua sobre estes bits. A utilização do operador bitwise produz excelentes resultados. No operador Bitwise existem três operações básicas AND,OR,NOR. Os operadores bit a bit trabalham sobre os bits e efectuam operações bit a bit. As tabelas de verdade para AND(&), OR (|) e NOR (^) são as seguintes: nesta tabela, p e q são nomes de dois bits.

N.º Sr.	Operador	Comentário
1	&	O operador binário AND copia um bit para o resultado se este existir em ambos os operandos
2	1	O operador binário OR copia um bit se este existir em qualquer um dos operandos.

3	л	O operador XOR binário copia o bit se este estiver definido num operando mas não em ambos.
4	~	O operador de complemento de um binário é unário e tem o efeito de "inverter" bits.
5	<<	Operador Binário de Deslocamento à Esquerda. O valor do operando esquerdo é deslocado para a esquerda pelo número de bits especificado pelo operando direito.
6	>>	Operador Binário de Deslocamento à Direita. O valor do operando esquerdo é deslocado para a direita pelo número de bits especificado pelo operando direito.

Estas tabelas explicam as operações bit a bit sobre os dois valores.

P	q	p & q	p | q	p л q
		E	OU	NOR
0	0	0	0	0
0	1	0	1	1
1	1	1	1	0
1	0	0	1	1

Nome da variável	Valor		Equivalente binário			
A	7	=	0	1	1	1
B	2	=	0	0	1	0
A&B		=	0	0	1	0

Nome da variável	Valor		Equivalente binário			
A	1	=	0	0	0	1
B	3	=	0	0	1	1
A&B		=	0	0	0	1

Nome da variável	Valor		Equivalente binário			
A	3	=	0	0	1	1
B	3	=	0	0	1	1
A&B		=	0	0	1	1

Alguns dos programas seguintes explicam a utilização dos operadores bit a bit.

Programa	escrever um programa para compreender os operadores Bitwise

Código	#include <stdio.h>
	void main()
	{
	printf("Operadores AND bit a bit \n");

	int runs = 7; int pg =2;
	printf("resultado dos operadores Bitwise AND= %d\n",runs&pg); }
Saída	Operadores AND bit a bit resultado dos operadores Bitwise AND= 2
Análise	resultado da compilação quando os valores das variáveis são runs = 7 pg =2; Operadores AND bit a bit resultado dos operadores Bitwise AND= 2 binário de 7>>0111 binário de 2>>0010 Resultado de >> 0010

O programa seguinte é uma utilização do operador OR.

Operador OR bit a bit

Nome da variável	Valor		Equivalente binário			
A	1	=	0	0	0	1
B	3	=	0	0	1	1
A | B	2	=	0	0	1	0

Nome da variável	Valor		Equivalente binário			
A	3	=	0	0	1	1
B	3	=	0	0	1	1
A | B	3	=	0	0	1	1

Nome da variável	Valor		Equivalente binário			
A	7	=	0	1	1	1
B	2	=	0	0	1	0
A | B	7	=	0	1	1	1

Programa	escrever um programa para compreender os operadores Bitwise

Código	#include <stdio.h>
	int principal()
	{
	printf("Operadores OR bit a bit \n");
	int runs = 7;
	int pg =2;
	printf("resultado dos operadores Bitwise OR= %d\n",runs|pg); return 0;
	}

Saída	Operadores OR bit a bit resultado dos operadores Bitwise OR= 7
Análise	resultado da compilação quando os valores das variáveis são runs = 7 pg =2; Operadores OR bit a bit

	resultado dos operadores Bitwise OR= 7 binário de 7>>0111 binário de 2>>0010 Resultado de >> 0111

Este programa mostra a utilização da deslocação à esquerda e da deslocação à direita dos operadores.

O operador de deslocação à esquerda de bits deslocará todos os bits para a esquerda e o bit mais à direita será preenchido com zero.

Nome da variável	Valor		Equivalente binário			
A	3	=	0	0	1	1
Operador de turno esquerdo	6	=	0	1	1	0
		=				

Também podemos deslocar a esquerda em duas ou três posições e o resultado de saída será diferente para cada operação de deslocamento.

Nome da variável	Valor		Equivalente binário			
A	3	=	0	0	1	1
Deslocação do operador para a esquerda numa posição	6	=	0	1	1	0
Deslocação do operador para a esquerda em duas posições	12	=	1	1	0	0
Deslocar o operador para a esquerda em três posições	8	=	1	0	0	0

Operação de deslocação à esquerda de 15

Variável Nome	Valor		Equivalente binário							
A	15	=	0	0	0	0	1	1	1	1
Deslocar o operador para a esquerda por um	30	=	0	0	0	1	1	1	1	0
Deslocação à esquerda Operador por dois	60	=	0	0	1	1	1	1	0	0
Deslocação à esquerda	120		0	1	1	1	1	0	0	0

Operador por três										

Programa	escrever um programa para compreender os operadores Bitwise
Código	#include <stdio.h>

	int main() {
	printf("Operadores de deslocação à esquerda e à direita bit a bit \n");
	int pg =16;
	printf("resultado dos operadores de deslocamento à direita= %d\n", pg>>2);
	printf("resultado do operador de deslocação à esquerda= %d\n", pg<<2);
	retorno 0;
	}

Saída	Operadores de deslocamento à esquerda e à direita bit a bit resultado do operador de deslocamento à direita= 4 resultado do operador de deslocamento à esquerda= 64
Análise	NA

Operador exclusivo OR

Nome da variável	Valor		Equivalente binário			
A	1	=	0	0	0	1
B	3	=	0	0	1	1
A л B	2	=	0	0	1	0
Nome da variável	Valor		Equivalente binário			
A	3	=	0	0	1	1
B	3	=	0	0	1	1
A л B	0	=	0	0	0	0
Nome da variável	Valor		Equivalente binário			
A	7	=	0	1	1	1
B	2	=	0	0	1	0
A л B	7	=	0	1	0	1

Programa Escreva um programa para explicar os operadores OR exclusivos Bitwise.

Código	#include <stdio.h>
	void main() {
	int runs = 7; // Declaração de variáveis e atribuição de valores
	int pg =2; // Declaração de variáveis e atribuição de valores
	printf("resultado dos operadores OR exclusivos Bitwise= %d\n",runs^pg);
	}

Saída	resultado da compilação quando o valor da variável é executado = 1 pg =3; Operadores OR exclusivos bit a bit resultado dos operadores OR exclusivos Bitwise= 2 Explicação do resultado binário de 1 >>0001

	binário de 3 >>0011 Resultado de >> 0010
Saída	resultado da compilação quando o valor da variável é executado = 3 pg =3; Operadores OR exclusivos bit a bit resultado dos operadores OR exclusivos Bitwise= 0 Explicação do resultado binário de 3 >>0011 binário de 3 >>0011 Resultado de >> 0000
	resultado da compilação quando os valores das variáveis são runs = 7 pg =2; Operadores OR exclusivos bit a bit resultado dos operadores OR exclusivos Bitwise= 5 binário de 7>>0111 binário de 2>>0010 Resultado de >> 0101
Análise	NA

Elogio bit a bit:

Nome da variável	**Valor**		**Equivalente binário**			
A	3	=	0	0	1	1
Elogio de A	12	=	1	1	0	0
A	8	=	1	0	0	0
Elogio de A	7	=	0	1	1	1

Programa	Escreva um programa para explicar os operadores de deslocamento à esquerda Bitwise.

Código	#include <stdio.h>
	void main() {
	int pg =3; // Declaração de variáveis e atribuição de valores
	printf("resultado dos operadores de complemento Bitwise= %d\n", pg<<2);
	}

Saída	resultado da compilação quando o valor da variável é pg =3; Operadores de deslocamento à esquerda bit a bit resultado dos operadores de complemento bit a bit= 12 Explicação do resultado binário de 3 >>0011 Resultado de >> 1100 // deslocamento à esquerda por dois dígitos
Análise	Converta o número decimal em binário primeiro, agora desloque à esquerda 2 vezes e o bit vago será preenchido por posições zero.

O operador de deslocamento à direita de bits desloca todos os bits para o lado direito e o bit mais à esquerda é preenchido com zero.

Nome da variável	Valor		Equivalente binário			
A	3	=	0	0	1	1
Operador do turno da direita	1	=	0	0	0	1
		=				

Agora vamos compreender utilizando um número de 8 bits e aplicando o operador de deslocamento à direita. No exemplo seguinte, o valor de 32 foi utilizado para a operação de deslocamento à direita. Repara que o valor de A muda à medida que o bit da direita é deslocado. Para cada passo, o valor de char

Variável Nome	Valor		Equivalente binário							
A	32	=	0	0	1	0	0	0	0	0
Deslocação para a direita Operador por um	16	=	0	0	0	1	0	0	0	0
Deslocação à direita do operador por dois	8	=	0	0	0	0	1	0	0	0
Deslocação à direita do operador por três	4		0	0	0	0	0	1	0	0
Variável Nome	Valor		Equivalente binário							
A	15	=	0	0	0	0	1	1	1	1
Deslocar o operador para a direita em um	7	=	0	0	0	0	0	1	1	1
Deslocação à direita do operador por dois	3	=	0	0	0	0	0	0	1	1
Deslocação à direita do operador por três	1		0	0	0	0	0	0	0	1

A deslocação para a direita é um operador que desloca todos os bits para a posição direita, podemos deslocar a posição em 1, 2, 3 posições. Todos os espaços vazios serão preenchidos por zero. O exercício acima, em formato de tabela, explica a operação de deslocamento à direita, passo a passo, por uma posição.

Resumo:

Os operadores bit a bit funcionam com bits.

A saída é em valor binário.

O binário é convertido em decimal.

Operadores de atribuição

A atribuição define o valor para o lado esquerdo da variável. Existem muitos operadores disponíveis. Estes são utilizados para atribuir um valor às variáveis. Alguns dos operadores mais comuns são os seguintes.

N.º Sr.	Operador	Comentário
1	=	Operador de atribuição simples, atribui valores dos operandos do lado direito ao operando do lado esquerdo
2	+=	Operador de atribuição Adicionar E, adiciona o operando direito ao operando esquerdo e atribui o resultado ao operando esquerdo
3	-=	Operador de atribuição Subtrair E, subtrai o operando direito do operando esquerdo e atribui o resultado ao operando esquerdo
4	*=	Operador de atribuição Multiply AND, multiplica o operando direito pelo operando esquerdo e atribui o resultado ao operando esquerdo
5	/=	Operador de atribuição Dividir E, divide o operando esquerdo pelo operando direito e atribui o resultado ao operando esquerdo
6	%=	Operador de atribuição Modulus AND, obtém o módulo utilizando dois operandos e atribui o resultado ao operando esquerdo
7	<<=	Operador de atribuição AND de deslocamento à esquerda
8	>>=	Operador de atribuição AND de deslocamento à direita
9	&=	Operador de atribuição AND bit a bit
10	A=	operador de atribuição e OR exclusivo bit a bit
11	|=	operador de atribuição e OR inclusivo bit a bit

Resumo:

- Os operadores de atribuição são utilizados para atribuir valores.
- É utilizada para definir valores para uma variável.

Operadores diversos^ sizeof & ternário

Existem alguns outros operadores importantes, incluindo **sizeof** e **? :** suportados pela linguagem C.

Operador	Descrição
tamanho de()	Devolve o tamanho de uma variável.
&	Devolve o endereço de uma variável.
*	Ponteiro para uma variável.
? :	Expressão condicional

Descrição do problema: Escrevi uma fórmula que utiliza muitas das operações, como calcular a resposta correta.

Precedência de operadores em C

A precedência do operador determina o agrupamento de termos numa expressão. Isto afecta a forma como uma expressão é avaliada. Certos operadores têm maior precedência do que outros; por exemplo, o operador de multiplicação tem maior precedência do que o operador de adição.

Categoria	Operador	Associatividade
Postfix	() [] -> . ++ - -	Da esquerda para

		a direita
Unário	+ - ! ~ ++ - - (type)* & sizeof	Da direita para a esquerda
Multiplicativo	* / %	Da esquerda para a direita
Aditivo	+ -	Da esquerda para a direita
Deslocação	<< >>	Da esquerda para a direita
Relacional	< <= > >=	Da esquerda para a direita
Igualdade	== !=	Da esquerda para a direita
E bit a bit	&	Da esquerda para a direita
XOR bit a bit	л	Da esquerda para a direita
OU bit a bit	I	Da esquerda para a direita
Lógica E	&&	Da esquerda para a direita
OR lógico	II	Da esquerda para a direita
Condicional	?:	Da direita para a esquerda
Atribuição	= += -= *= /= %=>>= <<= &= л= |=	Da direita para a esquerda
Vírgula	,	Da esquerda para a direita

Descrição do problema: Declarei variáveis no início do programa e, durante o cálculo, obtive valores que não correspondem ao intervalo do tipo de dados do valor declarado.

Tipo Fundição

Por vezes, durante o programa, é necessário especificar os tipos de dados da variável e, em alguns casos, é necessário aumentar o tamanho da variável. Os programas seguintes explicam o conceito.

(nome_do_tipo) expressão

Programa	escrever um programa para compreender a conversão de tipo de variáveis

Código	#include <stdio.h>
	int main() {
	int soma = 23, contagem = 5;
	int div;
	div = soma / contagem;
	printf("Valor de div : %d\n", div);
	retorno 0;

	}
Saída	Valor da div : 4
Análise	Perda de valor, perda de dados, porque o int só pode armazenar números inteiros e não as casas decimais.

A solução para o problema acima é a conversão dos dados de int para float.

Programa	escrever um programa para compreender a conversão de tipo de variáveis

Código	#include <stdio.h>
	#include <stdio.h>
	int main() {
	int soma = 23, contagem = 5;
	float div;
	div = (float) soma / contagem;

	printf("Valor da média : %fn", div); return 0; }
Saída	Valor da div : 4.600000

Resumo:

- A conversão de tipo é necessária para especificar o tipo de dados.
- Durante as operações, o tamanho da memória necessária aumenta.
- Aumenta totalmente o tamanho da variável.
- Resolver o problema da incompatibilidade de tipos de dados.

Descrição do problema: Pretendo imprimir no ecrã do computador e quero dar entrada de dados a partir do meu teclado.

O que vamos aprender: Neste tópico vou aprender a usar as funções printf() e scanf()

Os ficheiros padrão

```
#include <stdio.h>
int principal( )
{
int c;
printf( "Introduzir um valor :"); c = getchar( );
printf( "\nVocê entrou: ");
putchar( c );
retorno 0;
}
```

Erros comuns de programação

Os programadores e os estudantes cometem alguns erros comuns quando escrevem um código para fins de aprendizagem. Neste tópico, discutimos alguns erros comuns cometidos durante a escrita de um código. O objetivo deste ponto é recordar estes pequenos erros e melhorar as competências de programação.

1. Variáveis não declaradas:

Exemplo:

```
#include <stdio.h>
void main() {
```

```
printf("Valor da variável A = %d",A);
printf("Valor da variável B = %d",B);
}
```

2. Variáveis não inicializadas:

Muitas vezes um programador declara uma variável mas não a inicializa e nós a utilizamos no programa. Basta ver o código abaixo e a solução. Se uma variável é declarada mas o valor não é atribuído à variável e estamos a imprimir esse valor nesta situação, a saída será um valor de lixo. Portanto, a saída está errada. Veja o seguinte programa de erro seguido do programa correto.

```
#include <stdio.h>
void main() {
int A,B;
printf("Valor da variável A = %d\n",A);
printf("Valor da variável B = %d\n",B);
}
```

3. Definir uma variável para um valor não inicializado:

Depois de declarar as variáveis, muitas vezes efectuamos uma operação matemática sobre elas sem saber se existe algum valor para a operação. Nesta situação, o resultado será incorreto. Veja a seguinte operação em que a adição foi efectuada sem atribuir valores às variáveis.

```
#include <stdio.h> void main() { int A,B; int sum;
soma = A+B;
printf("Valor da variável soma = %d\n",soma);
}
```

4. Utilizar um único sinal de igual para verificar a igualdade:

Muitas vezes o programador utiliza = (operador de atribuição) para comparar os valores. Isso não é correto. Para comparar dois valores, deve utilizar-se = = (operador de comparação).

```
char x='Y';
enquanto(x='Y') {
//...
cout<<"Continuar? (S/N)";
cin>>x;
}
```

5. Funções não declaradas:

A declaração de funções é um erro comum, todas as funções devem ser declaradas como protótipo, função completa no final do programa e só depois disso é que a função pode ser utilizada no programa. Se o protótipo da função não for declarado, o programa gera um erro.

```
#include <stdio.h>
void main() {
soma();
}
void sum(){
printf("Dentro da função soma");
}
```

6. **Ponto e vírgula extra:**

Os pontos e vírgulas extra no programa alterarão a saída. Os pontos e vírgulas significam o fim do comando. Quando estiver a utilizar, tenha cuidado com estes pontos e vírgulas. O programa seguinte explica como a saída é alterada com um ponto e vírgula.

```
#include <stdio.h>
void main() {
int x;
for(x=0; x<10; x++);
printf(" valus de x =%d\n",x);
}
```

7. **Ultrapassar os limites da matriz:**

Os arrays são utilizados para reduzir o número de variáveis no programa (leia os tópicos sobre arrays em detalhe), por isso não devemos confundir-nos com o número de arrays que devemos utilizar, se o array tiver sido declarado com um tamanho de 10 significa que, no máximo, o programa pode utilizar, armazenar, atribuir 10 valores. Se tentarmos ultrapassar este valor significa que vai gerar um erro.

8. **Utilização incorrecta dos operadores && e ||**

Resumo:

- Os programadores devem conhecer os erros de programação mais comuns.
- Os programadores devem compreender os erros básicos e as soluções.

Unidade 01 Exercício de laboratório:

- Exercícios: Construir um fluxograma e escrever um programa para
- Desenvolver uma calculadora para converter tempo, distância, área, volume e temperatura de uma unidade para outra.
- Calcular juros simples e compostos para vários parâmetros especificados pelo utilizador
- Introduzir as notas de cinco disciplinas e calcular o total, a média e a percentagem.
- Calcular o salário líquido de um trabalhador, tendo em conta os dados básicos, da, hra, pf e lic
- recuperar o resto após a divisão de dois números sem utilizar o operador mod
- Converte um carácter em maiúsculas num carácter em minúsculas.
- Trocar dois números.
- Introduzir dois ângulos de um triângulo e encontrar o terceiro ângulo.
- Verificar o bit menos significativo (LSB) de um número.
- Introduzir um número qualquer do utilizador e verificar se o n-ésimo bit do número dado está definido (1) ou não

****

PARTE - II

Título do livro:>> SOLUÇÃO DE PROBLEMAS E PROGRAMAÇÃO COM C

Capítulo 1: Declarações de controlo

"Ouço e esqueço-me. Vejo e lembro-me. Faço e compreendo."- Confúcio.

Objetivo de aprendizagem

Após a conclusão desta unidade, o aluno será capaz de

- Compreender como controlar o fluxo do programa
- Compreender a utilização de loops
- Compreender as instruções de controlo e a sua utilização no programa

Resumo: Neste capítulo vamos aprender instruções de controlo como if, if else e as suas combinações. Neste capítulo vamos ver como fazer tarefas repetidas com um número menor de comandos. Este capítulo aborda o ciclo for, o ciclo while e o ciclo do while.

Descrição do problema: No meu programa, quero imprimir o grau A aos alunos que obtiveram 75% ou mais das notas.

Declaração if, if...else e Declaração if...else aninhada

A tomada de decisão é necessária quando o programa se depara com a situação de ter de escolher uma determinada expressão entre muitas outras. A tomada de decisão pode ser efectuada com as duas expressões seguintes.

1. declaração if...else
2. declaração de mudança

declaração if

```
if (expressão de teste) { declaração/s a executar se a expressão de teste for verdadeira;
}
```

Se a expressão de teste for verdadeira, as instruções entre parêntesis são executadas. Mas se a expressão de teste for falsa, a execução das instruções do corpo das instruções if é ignorada e o programa executa a linha seguinte da instrução.

Fluxograma da instrução if

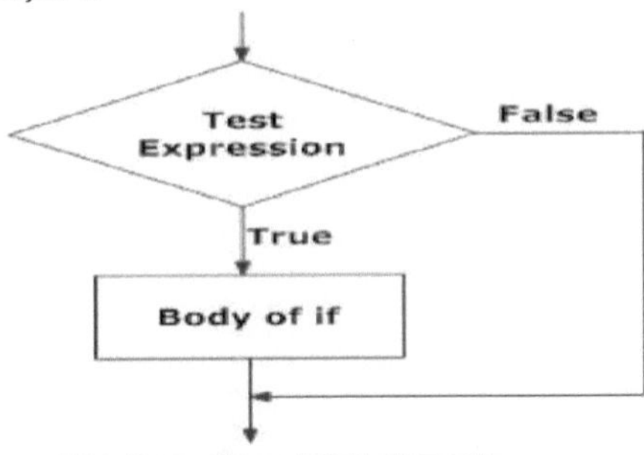

Fig: Operation of if statement

Podemos compreender a instrução if através de outro exemplo. A sintaxe da instrução if é a seguinte

```
se (expressão ) estado mentOI estado ment03;
```

Se a expressão for avaliada como VERDADEIRA, a expressão01 é executada e o programa continua com a execução da expressão03. Se a expressão não for verdadeira, a expressão01 é ignorada e o programa salta para a execução da expressão03.

Exemplos de instruções if são.

1. se (o saldo for inferior ao saldo mínimo) cobrar uma penalização.

2. se (idade superior a 60 anos) cidadão sénior
3. se (o código do sexo é 1) a pessoa é do sexo masculino

As declarações if devem ser seguidas por apenas uma declaração. Só será executada uma instrução a seguir. Se quisermos que seja executada mais do que uma instrução, deve ser criado um bloco.

Exemplo

If (condição de teste) { declaração 1; declaração 2; declaração 3;
}

Exemplo de instrução if

Escreva um programa para imprimir o número introduzido pelo utilizador apenas se o número introduzido for negativo.

Programa	Escreva um programa para explicar a instrução if.

Código	#include <stdio.h>
	int main(){
	int num = 50;
	se(num < 100) {
	printf("Dentro da declaração if \n");
	printf("Número=%d\n",num);
	}
	printf("Após o fim da declaração if"); return 0;
	}

Saída	Dentro da declaração if Número=50 Após o fim da instrução if Caso 2 Corrida , alteração do valor de num
Análise	NA

Outro programa para explicar a instrução if.

Programa	Escreva um programa para explicar a instrução if.

Código	#include <stdio.h>
	int main(){
	int num = 125;
	se(num < 100) {
	printf("Dentro da declaração if \n");
	printf("Número=%d\n",num);
	}
	printf("Após o fim da declaração if");
	retorno 0;

	}
Saída	Após o fim da instrução if
Análise	NA

Outro programa para explicar a instrução if.

Programa	Escreva um programa para explicar a instrução if.
Código	#include <stdio.h>

	void main() {
	int sexcode = 1 ;
	se (sexcode == 1)
	{
	printf("Dentro da declaração if\n");
	printf("A pessoa é Macho\n");
	}
	printf("Depois da declaração if\n");
	}

Saída	Dentro da instrução if A pessoa é do sexo masculino Depois da instrução if
Análise	NA

Resumo:

1. A instrução If testa uma condição.
2. Se o resultado for verdadeiro, a instrução seguinte será executada.
3. No caso de a produção não ser verdadeira, esta afirmação não trata do assunto.
4. O fluxo do programa é continuado após a declaração.

declaração if...else

A instrução if...else é utilizada se o programador quiser executar algum código, se a expressão de teste for verdadeira e executar outro código se a expressão de teste for falsa.

Sintaxe do if...else

se (expressão de teste) {

declarações a serem executadas se a expressão de teste for verdadeira;

senão

declarações a serem executadas se a expressão de teste for falsa; }

Fluxograma da instrução if...else

O fluxo da instrução if else pode ser compreendido através desta figura. A saída do operador relacional é um valor booleano e, com base na saída como verdadeiro/falso, é transferido um fluxo do programa.

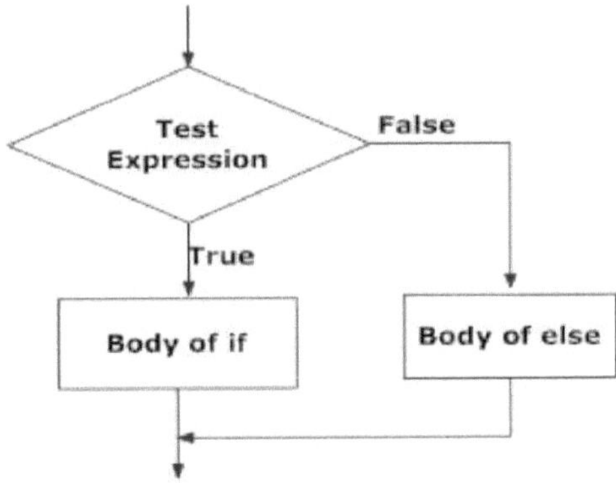

Fig: Operation of if...else statement

Isto pode ser representado sob a forma de blocos como se segue.

if (expressão) statementOI;

senão

declaração02:

declaração03;

Se a expressão for avaliada como VERDADEIRA, a expressão01 é executada; caso contrário, a expressão02 é executada. Após a execução da expressão01 ou da expressão02, o programa continua com a expressão03. A expressão03 será executada em ambos os casos.

se (condição de teste) {
Statementx; /Condição verdadeira } else {
Declaração y; // Condição falsa }
statement z; // continuar o programa

Exemplo de declaração if...else

Escreva um programa em C para verificar se um número introduzido pelo utilizador é par ou ímpar

Programa	Escreva um programa para explicar a instrução if else.

Código	#include <stdio.h>
	int main(){
	int num= 17;
	se((num%2)==0) {
	printf("Dentro da declaração if\n");
	printf("%d é par.\n",num);
	}
	senão {
	printf("Dentro da declaração else\n"); printf("%d é ímpar.\n",num);
	}
	printf("Após o fim da declaração if-else\n");
	retorno 0;
	}

Saída	Dentro da declaração else 17 é estranho. Após o fim da declaração if-else
Análise	NA

Outro programa para explicar a instrução if- else.

Programa	Escreva um programa para explicar a instrução if else.

Código	#include <stdio.h>
	int main(){
	int num= 18;
	se((num%2)==0) {
	printf("Dentro da declaração if\n");
	printf("%d é par.\n",num);

	}
	senão {
	printf("Dentro da declaração else\n"); printf("%d é ímpar.\n",num);
	}
	printf("Após o fim da declaração if-else\n");
	retorno 0;
	}

Saída	No interior da declaração if 18 é par. Após o fim da declaração if-else
Análise	NA

Resumo:

- Se a condição for verdadeira, é executado um bloco.
- Se a condição for falsa e a saída for falsa, é executado outro bloco.
- O programa continua após a execução de um dos blocos.

Declaração aninhada if...else (if...elseif else Statement)

A declaração if...else pode ser utilizada de forma aninhada quando está em causa uma decisão séria.

Sintaxe da instrução if...else aninhada

```
if (teste conditionl) Declaração 1;
senão se (condição de ensaio2)
Declaração 2;
senão se (condição de ensaio3)
Declaração 3;
senão se (condição de ensaio4)
Declaração 4;
senão se (condição de ensaio5)
Declaração 5;
senão
Declaração z;
```

Declaração do problema: No meu programa, não estou a conseguir satisfazer todas as condições com uma única utilização da declaração if else.

Como funciona o if...else aninhado?

Se a expressão de teste for verdadeira, será executado o código antes da parte else mas, se for falsa, o controlo do programa salta para a parte else e verifica a expressão de teste 1 e o processo continua. Se todas as expressões de teste forem falsas, a última instrução é executada.

A norma ANSI especifica que podem ser prosseguidos 15 níveis de encaixe.

Exemplo de declaração if else aninhada

Programa	Escreva um programa para explicar a declaração aninhada If else

Código	#include <stdio.h>
	int main(){
	int numb1= 13, numb2 = 21;
	se(numb1==numb2) {
	printf("Dentro da declaração if\n");

	printf("Resultado: %d=%d\n",numb1,numb2);
	}
	senão {
	se(numb1>numb2) {
	printf("Dentro da declaração if aninhada\n");
	printf("Resultado: %d>%d\n" ,numb 1 ,numb2);
	}
	senão {
	printf("Inside nested else statement\n");
	printf("Resultado: %d>%d\n" ,numb2,numb 1);
	}
	}
	printf("Fim da declaração aninhada if else\n");
	retorno 0;
	}

Saída	Dentro da instrução else aninhada Resultado: 21>13 Fim da declaração if else aninhada

Resumo:

- É permitido escrever uma declaração aninhada de if-else.
- Se mais não for, pode funcionar sob a forma de escada.
- If else pode ser escrito no âmbito de outra declaração if ou else.
- São utilizadas para implementar regras comerciais complexas.

Laço

Declaração do problema: Num programa, quero escrever uma contagem de 1 a 100, então devo escrever 100 instruções de impressão. Parece uma abordagem típica e não lógica. Existe alguma outra alternativa?

Os loops fazem com que o programa execute um determinado bloco de código repetidamente até que algumas condições sejam satisfeitas, ou seja, os loops são utilizados para efetuar trabalho repetitivo em programação. Suponha-se que se pretende executar um ou mais códigos 100 vezes. Pode fazê-lo escrevendo esse código/s apenas uma vez e repetindo a execução 100 vezes utilizando o ciclo.

Existem 3 tipos de loops na programação em C:

1. loop for
2. ciclo "while
3. loop do...while

Sintaxe do laço FOR

```
for (inicialização; condição; incremento) {
U Corpo do laço
li Código de programação C }
```

Existem três cláusulas na instrução for.

1. A instrução de inicialização é feita antes do início do loop, geralmente para inicializar uma variável de iteração.
2. A expressão de condição é testada antes de cada vez que o ciclo é efectuado. O ciclo não é executado se a expressão booleana for falsa.
3. A instrução de incremento é efectuada depois de o corpo ser executado.

Normalmente, incrementa uma variável de iteração.
O ciclo for funciona da seguinte forma. A primeira parte é a inicialização das variáveis. Nesta parte, as variáveis podem ser declaradas e inicializadas. O escopo dessas variáveis está dentro do laço for. Essas variáveis não são visíveis fora do laço for.
A segunda parte é a condição de teste. Esta condição controla o ciclo. Devemos escrever uma condição lógica nesta parte. O resultado desta condição é um valor booleano. Se o valor de retorno for verdadeiro, o programa entrará no corpo do loop. O corpo será executado uma vez, após o que o controlo será transferido novamente para a condição de teste. O programa testará novamente a condição e, se o valor de retorno for verdadeiro, entrará no corpo do ciclo. O corpo será executado novamente. Assim, o ciclo é executado pela segunda vez. Este processo continua até que o valor de retorno da condição de teste seja verdadeiro. Desta forma, o programa escrito no corpo do ciclo é repetido.
No caso de o valor de retorno da condição ser falso. O programa não entrará no ciclo e todos os códigos serão ignorados. O controlo do programa será transferido para o fim do ciclo for e as instruções escritas depois disso serão executadas. O valor de retorno falso é muito importante, sem o valor falso não podemos sair do ciclo for. Por isso, ao escrever o programa, devemos escrever a condição de forma a que devolva um valor falso após o número necessário de ciclos.
A terceira parte é uma instrução de incremento ou decremento. É utilizada para aumentar ou diminuir o valor das variáveis inicializadas no loop for. Esta parte é executada após a execução do laço. Desempenha um papel importante para decidir o número de loops.

Como funciona o ciclo for

A expressão inicial é inicializada apenas uma vez no início do loop for. Em seguida, a expressão de teste é verificada pelo programa. Se a expressão de teste for falsa, o loop for é encerrado. Mas, se a expressão de teste for verdadeira, os códigos são executados e a expressão de atualização é actualizada. Novamente, a expressão de teste é verificada. Se for falsa, o ciclo é terminado e, se for verdadeira, o mesmo processo repete-se até a expressão de teste ser falsa.
Este fluxograma descreve o funcionamento do ciclo for na programação em C.

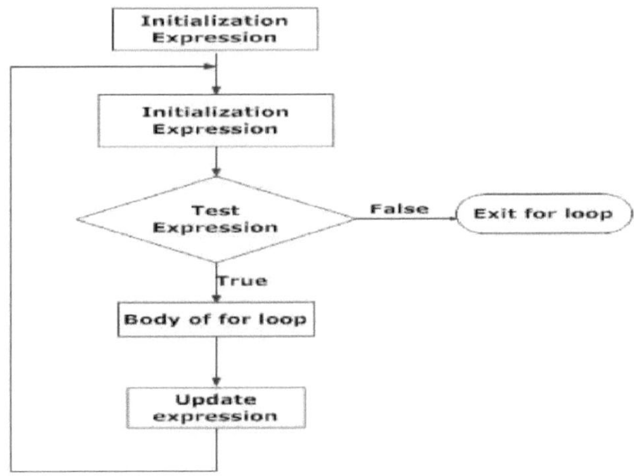

Figura; Fluxograma do ciclo for

exemplo de laço for

Escreve um programa para contar números.

Programa	Escreva um programa para explicar o for Loop

Código	#include <stdio.h>
	int main(){
	int n = 10, count;
	printf("Início de para Loop\n");
	for(count=1;count<=n; count++)
	{
	printf("count = %d\n",count);
	}
	printf("Fim de para Loop\n");
	retorno 0;
	}

Saída	Início do ciclo for contagem = 1 contagem = 2 contagem = 3 contagem = 4 contagem = 5 contagem = 6 contagem = 7 contagem = 8 contagem = 9 contagem = 10 Fim do ciclo for
Análise	Execução de um simples comando for loop.

para explicar o conceito de laço for.

Programa	Escreva um programa para explicar o for Loop

Código	#include <stdio.h> int main(){
	int n = 10, contagem, soma=0;
	printf("Início de para Loop\n");
	for(count=1;count<=n;++count)
	{
	sum+=count;
	printf("No interior do ciclo Soma = %d\n",soma);
	}
	printf("Fim de Loop\n"); printf("Soma = %d\n",soma); return 0;
	}

Saída	Início do laço for Dentro do loop for Soma = 1 Dentro do loop for Sum = 3 Dentro do loop for Sum = 6 Dentro do laço for Sum = 10 Dentro do loop for Sum = 15 Dentro do laço for Sum = 21 Dentro do laço for Sum = 28 Dentro do loop for Sum = 36 Dentro do loop for Sum = 45 Dentro do ciclo for Soma = 55 Fim do ciclo for Soma = 55
Análise	Execução de um simples comando for loop.

Neste programa, é pedido ao utilizador que introduza o valor de n. Suponha que introduziu 19 e que a contagem é inicializada em 1. Depois, a expressão de teste no ciclo for, ou seja, (count<= n) torna-se verdadeira. Então, o código no corpo do laço for é executado, o que faz com que a soma seja 1. Em seguida, a expressão ++count é executada e novamente a expressão de teste é verificada, tornando-se verdadeira. Novamente, o corpo do laço for é executado, o que faz com que a soma seja 3 e esse processo continua. Quando a contagem é 20, a condição de teste torna-se falsa e o ciclo for é terminado.

Exemplos de laços for em C

1. Programa para gerar a tabela de multiplicação.
2. Programa para mostrar todos os factores de um número.
3. Programa para encontrar o G.C.D ou H.C.F de dois números.
4. Programa para calcular o fatorial de um número.

Agora, alguns dos programas a seguir explicarão a implementação do loop for.

Programa	Escreva um programa para explicar o for Loop

Código	#include <stdio.h>
	int main(){
	int i,j;
	printf("Início de para Loop\n");
	printf("Duas variáveis i e j\n");
	for(i=10j=20; i>0; i-j-){ printf("count i => %d",i);
	printf(" count j => %d",j); printf("\n");
	}
	printf("Fim de para Loop\n");
	retorno 0;
	}

Saída	Início do laço for Duas variáveis i e j count i => 10 count j => 20 count i => 9 count j => 19 count i => 8 count j => 18 count i => 7 count j => 17 count i => 6 count j => 16 count i => 5 count j => 15 count i => 4 count j => 14 count i => 3 count j => 13 count i => 2 count j => 12 count i => 1 count j => 11 Fim do laço for
Análise	Implementação do ciclo for com duas variáveis.

para explicar o conceito de for-loop.

Programa	Escreva um programa para explicar o for Loop

Código	#include <stdio.h>
	int main(){
	inti , j;
	printf("Início de para Loop\n");
	for(i=0; i<6; i++) // Primeiro ciclo
	{
	for(j=i; j<6; j++) // segundo ciclo
	printf("%d",i);
	printf("\n");
	}
	printf("Fim de para Loop\n");

	retorno 0; }
Saída	Início do ciclo 000000 11111 2222 333 44 5 Fim do ciclo for
Análise	Implementação dos dois loops for num único programa.

para explicar o conceito de laço for.

Programa	Escreva um programa para explicar o for Loop

Código	#include <stdio.h>
	int main(){
	int i , j;
	printf("Início de para Loop\n");
	for(i=0; i<10; i++) // Primeiro ciclo
	{
	for(j=0; j<i; j++) // segundo ciclo
	printf("%d",i);
	printf("\n");
	}
	printf("Fim de para Loop\n");
	retorno 0;
	}

Saída	Início do for Loop 1 22 333
	4444 55555 666666 7777777 88888888 999999999 Fim do ciclo for
Análise	Implementação dos dois loops for num único programa.

para explicar o conceito de for-loop.

Programa	Escreva um programa para explicar o for Loop

Código	#include <stdio.h>
	int main(){ inti , j;
	printf("Início de para Loop\n");
	for(i=0; i<5; i++){ for(j=0; j<5; j++) printf("%d%d ",i,j); printf("\n");
	}
	printf("Fim de para Loop\n"); return 0;

	}
Saída	Início do ciclo 00 01 02 03 04 10 11 12 13 14 20 21 22 23 24 30 31 32 33 34 40 41 42 43 44 Fim do ciclo
Análise	Implementação dos dois laços for num só programa

para explicar o conceito de laço for.

Programa	Escreva um programa para explicar o for Loop

Código	#include <stdio.h>
	int main(){
	int i,j;
	for(i = 10,j = 20 ; i>0; i--,j--) return 0;
	}

Saída	Nulo
Análise	Loop vazio

para explicar o conceito de laço for.

Programa	Escreva um programa para explicar o for Loop

Código	#include <stdio.h>
	int main(){
	int i =10 ;
	para (; i > 0 ; i=i-1)
	printf("Dentro do For Loop \n");
	retorno 0;
	}

Saída	Inside For Loop Inside For Loop Inside For Loop Inside For Loop Inside For Loop Inside For Loop Inside For Loop Inside For Loop Inside For Loop Inside For Loop Inside For Loop
Análise	Omissão de uma ou mais secções

para explicar o conceito de laço for.

Programa	Escreva um programa para explicar o for Loop

Código	#include <stdio.h> int main(){
	int i =5 ;
	para (; i < 10 ;)
	printf("Dentro para o Loop\n");
	retorno 0;
	}

Saída	Dentro do For Loop Dentro do For Loop
Análise	Omissão de uma ou mais secções

para explicar o conceito de laço for.

Programa	Escreva um programa para explicar o for Loop

Código	#include <stdio.h>
	int main(){
	for (int i=10j=30; i<20 && j>25 ; i= i+1j=j-1) printf("Inside For Loop\n ");
	retorno 0;
	}

Saída	Inside For Loop Inside For Loop Inside For Loop Inside For Loop Inside For Loop Inside For Loop
Análise	utilizando o ciclo for, o operador composto e o operador relacional na condição

Resumo:

- Os loops são utilizados em trabalhos repetidos.
- Os loops podem reduzir o número de linhas do código.
- Os loops são bons quando uma operação deve ser executada um número n de vezes.

While e do...while Loop

Um computador é mais adequado para operações repetitivas. O processo de execução repetida de um bloco de instruções é designado por "looping". While e Do While são utilizados para executar um bloco de instruções até que uma determinada condição seja satisfeita.

O looping é de dois tipos.

1. Entrada controlada 2. Saída controlada.

O While é o ciclo mais fundamental em Java. A forma geral é a seguinte.

Os loops fazem com que o programa execute um determinado bloco de código repetidamente até que algumas condições sejam satisfeitas, ou seja, os loops são utilizados para realizar trabalho repetitivo em programação.

Suponhamos que se pretende executar um ou mais códigos 10 vezes. Pode fazê-lo escrevendo esse código/s apenas uma vez e repetindo a execução 10 vezes utilizando o loop.

Existem 3 tipos de loops na programação em C:

1. loop for
2. ciclo "while
3. loop do...while

Sintaxe do ciclo while

```
Inicialização; while (condição) {
H Corpo do laço
}
```

```
while (expressão de teste )
{
instruções a serem executadas
}
```

No início do ciclo while, a expressão de teste é verificada. Se for verdadeira, são executados os códigos no interior do corpo do ciclo while, ou seja, o(s) código(s) entre parênteses, e é novamente verificada a expressão de teste, continuando o processo até a expressão de teste se tornar falsa.

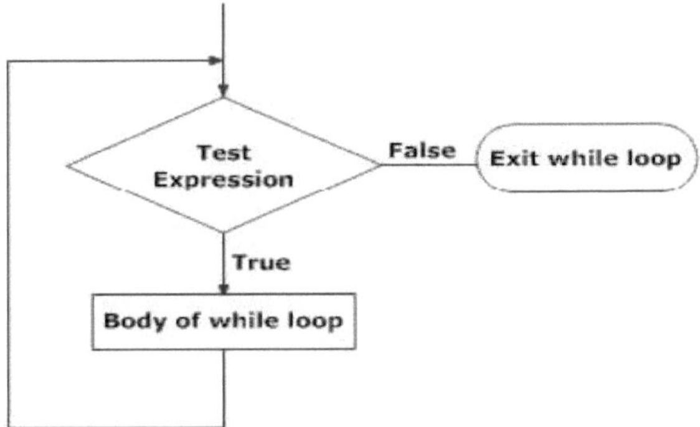

Figure: Flowchart of while loop

Os programas seguintes explicam como utilizar o ciclo while na programação.

Programa Escreva um programa para explicar o While Loop

Código	#include <stdio.h>
	int main(){
	número int=5,fatorial=1;
	printf("Antes de fazer o Loop\n");
	enquanto (número>0)
	{
	fatorial=fatorial *número;
	--Número;
	}
	printf("Fim do ciclo de vida do While\n");
	printf("Fatorial=%d",fatorial);
	retorno 0;
	}

Saída	Antes do ciclo "while" Fim do ciclo "while" Fatorial=120
Análise	Implementação do ciclo básico while.

Outro programa para explicar o conceito de laço while.

loop do...while

Em C, o laço do...while é muito semelhante ao laço while. A única diferença entre estes dois loops é que, nos loops while, a expressão de teste é verificada primeiro, mas, no loop do...while, o código é executado primeiro e depois a condição é verificada. Assim, o código é executado pelo menos uma vez nos loops do...while.

Sintaxe dos loops do...while

```
Initialization;
do {
            // Loop
     }
while ( test condition)
```

Em primeiro lugar, os códigos dentro do corpo do do são executados. Depois, a expressão de teste é verificada. Se for verdadeira, o(s) código(s) dentro do corpo de do é(são) executado(s) novamente e o processo continua até que a expressão de teste se torne falsa (zero).

Repare que existe um ponto e vírgula no final de while (); no ciclo do...while.

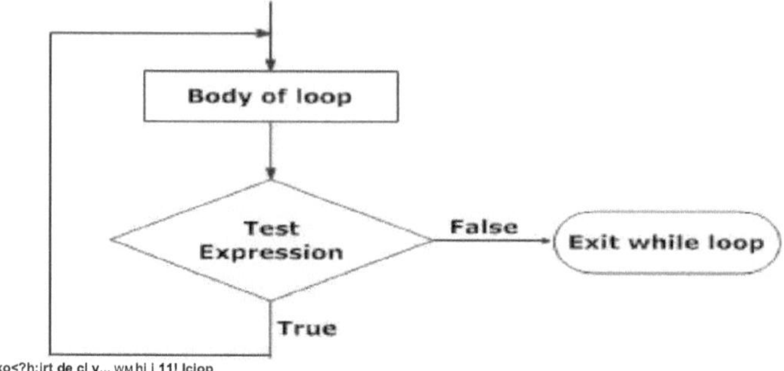

Fi'yurt?: Fluxo<?h;irt de cl y... wм hi i 11! lcjop

Os programas seguintes explicam como utilizar o ciclo do -while na programação.

Programa	Escreva um programa para explicar o loop do - while

Código	#include <stdio.h>
	int main() {
	int sum=0,num = 7;
	printf("Antes de fazer a declaração em Loop\n");
	fazer
	{
	soma++;
	printf("Dentro da declaração do sum = %d\n" , sum);
	}
	while(soma <= 10);
	printf("Sair do ciclo, depois de do - while Loop\n"); printf("sum=%d",sum);
	retorno 0;
	}

Saída	Antes da instrução do do em Loop Dentro da instrução do do sum = 1
	Dentro da instrução do do sum = 2 Dentro da instrução do do sum = 3 Dentro da instrução do do sum = 4 Dentro da instrução do do sum = 5 Dentro da instrução do do sum = 6 Dentro da instrução do do sum = 7 Dentro da instrução do do sum = 8 Dentro da instrução do do sum = 9 Dentro da instrução do do sum = 10 Dentro da instrução do do sum = 11 Sair do ciclo, depois de do - while Loop sum=11
Análise	NA

para explicar o conceito de laço for.

Resumo:

- O ciclo While é utilizado para trabalhos repetidos. Se a condição for verdadeira, o programa entra no ciclo.
- O ciclo Do while é executado quando o programa é executado e, em seguida, verifica a condição para o continuar.
- Todos os loops são utilizados para reduzir o comprimento da codificação.
- Utilizando loops, a tarefa pode ser repetida um número n de vezes.

pausa e continuação Declaração

Existem duas instruções em C, break; e continue; para interromper o fluxo normal de controlo de um programa. Os loops executam um conjunto de operações repetidamente até que uma determinada condição se torne falsa mas, por vezes, é desejável saltar algumas instruções dentro do loop e terminar o loop imediatamente sem verificar a expressão de teste. Nesses casos, são utilizadas as instruções break e continue.

declaração de quebra

Na programação em C, a instrução break é utilizada para terminar o ciclo imediatamente após ter sido encontrado. A instrução break é utilizada com a instrução if condicional. A instrução break é utilizada para terminar o programa num determinado momento. A instrução break encerrará o programa a partir do ciclo que contém a instrução. A instrução break pára a execução do ciclo e transfere a execução para o fim das instruções do ciclo. Ou o programa é retomado nas instruções seguintes ao ciclo.

Sintaxe da instrução break

pausa;

A instrução break pode ser utilizada para terminar os três loops for, while e do...while.

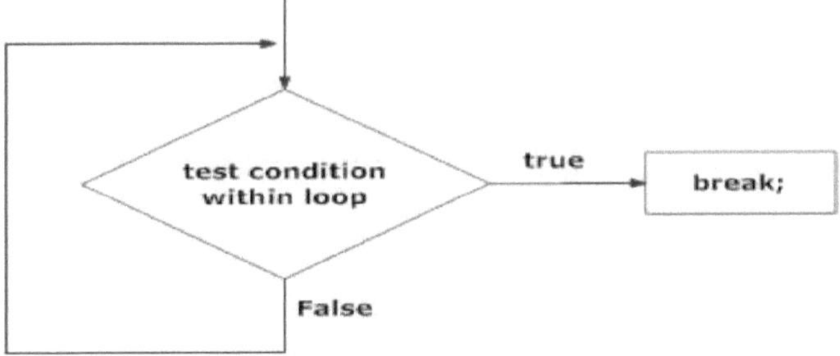

Figure: Flowchart of break statement

A figura abaixo explica o funcionamento da instrução break nos três tipos de loops.

Exemplo de instrução break

Escreva um programa para encontrar a média do máximo de *n* números positivos introduzidos pelo utilizador. Mas, se a entrada for negativa, mostrar a média (excluindo a média da entrada negativa) e terminar o programa.

Programa	Escreva um programa para explicar a instrução break.

Código	#include <stdio.h>
	int main(){
	int n = 10, count;
	printf("Início de para Loop\n");
	for(count=1;count<=n; count++)

	{
	printf("count = %d\n",count);
	se(contagem>5) {

	printf(" break statement\n"); break;
	}
	}
	printf("Fim de para Loop\n");
	retorno 0;
	}

Saída	Início do ciclo for count = 1 count = 2 count = 3 count = 4 count = 5 count = 6 break statement Fim do ciclo for
Análise	A instrução Break é utilizada no interior do Loop ou da instrução Switch para sair do mesmo em determinadas condições.

Neste programa, quando o utilizador introduz um número inferior a zero, o ciclo é terminado utilizando a instrução break com a execução da instrução abaixo desta, ou seja, sem executar sum=sum+num.

continuar Declaração

Por vezes, é desejável saltar algumas instruções no interior do ciclo. Nesses casos, continue
são utilizadas. A instrução Continue é utilizada para parar a execução do programa num determinado momento e transferir o segmento de execução para o início do ciclo. Esta instrução continua a execução do ciclo, mas pára de processar o resto do código. Esta instrução é utilizada para saltar códigos escritos após a instrução continue. É o oposto da instrução break, em que transferimos o controlo para o fim do ciclo.

Sintaxe da declaração continue.

continuar;

Tal como o break, o continue também é utilizado com a instrução condicional if.

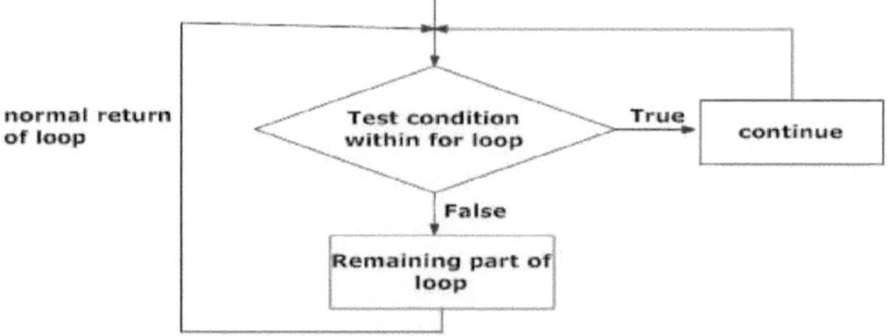

Fig: Flowchart of continue statement

Para compreender melhor como funcionam as instruções "continue" na programação em C. Analise a figura abaixo que contorna alguns códigos dentro de loops utilizando a instrução continue.

Exemplo de declaração de continuação.

Escreva um programa para encontrar o produto de 4 números inteiros introduzidos por um utilizador.

Programa	Escreva um programa para explicar a instrução continue

Código	#include <stdio.h>
	int main(){
	int n = 10, count,sum=0;
	printf("Início de para Loop\n");
	for(count=0;count<=n; count++)
	{
	printf("count = %d\n",count);
	sum=sum + count*count;
	se(contagem==0) {
	printf(" continue statement\n"); continue;
	}
	}
	printf("Fim de para Loop\n");
	printf("soma := %d\n",soma);
	retorno 0;
	}

Saída	Início de for Loop count = 0 continue statement count = 1
	contagem = 2 contagem = 3 contagem = 4 contagem = 5 contagem = 6 contagem = 7 contagem = 8 contagem = 9 contagem = 10 Fim do ciclo for soma := 385
Análise	Utilização do programa de utilização do ciclo for.

Resumo:

- O intervalo é utilizado para sair da condição e chegar ao fim do programa.
- Continuar é utilizado para permanecer no programa.

Declaração de mudança:

Declaração do problema: No meu programa, obtenho 4 a 5 condições com base num cálculo e depois preciso de processar os dados.

mudar case Declaração

A tomada de decisões é necessária quando o programa se depara com a situação de ter de escolher uma determinada declaração entre muitas declarações. Se um programador tiver de escolher uma entre muitas alternativas, pode utilizar if...else, mas isso torna a lógica de programação complexa. Este tipo de problema pode ser tratado na programação em C utilizando a instrução switch...case.

Switch(expressão) {

Valor do caso1:
// Declaração de programas
pausa;
Valor do caso2:
// Declaração de programas
pausa;
Valor do caso3:
// Declaração de programas
pausa;
Valor do caso4:
// Declaração de programas
pausa;
Valor do caso5:
// Declaração de programas
pausa;
Predefinição:
// Declaração de programas
} // Fim do interrutor
Declaração - y

Sintaxe de switch...case

switch (expressão)
{
caso constant1:
códigos a serem executados se a expressão for igual à constante1.
pausa;
caso constant2:
códigos a serem executados se a expressão for igual à constante3.
pausa;
por defeito:
códigos a serem executados se a expressão não corresponder a nenhum caso;
}

Em switch...case, a expressão é um número inteiro ou um carácter. Se o valor da expressão switch corresponder a qualquer uma das constantes in case, os códigos relevantes são executados e o controlo sai da instrução switch...case. Se a expressão não corresponder a nenhuma das constantes do caso, é executada a instrução predefinida.

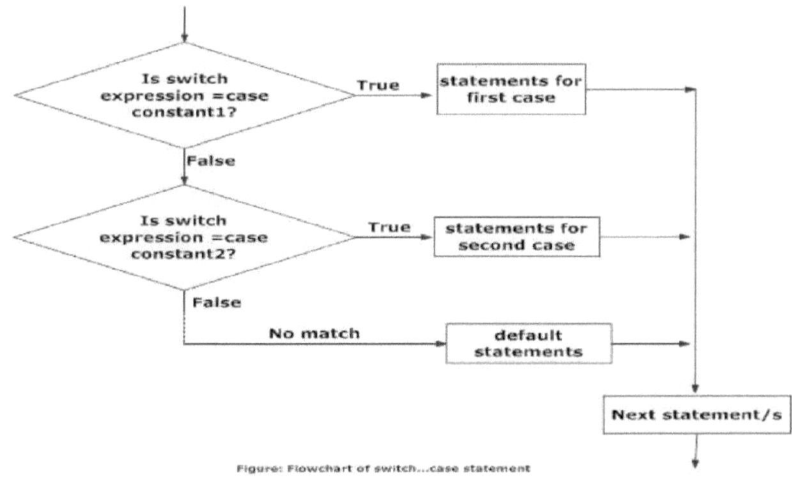

Figure: Flowchart of switch...case statement

Exemplo de declaração switch...case

Escreva um programa que peça ao utilizador um operador aritmético ('+','-','*' ou '/') e dois operandos e efectue o cálculo correspondente nos operandos. Observe a instrução break no final de cada caso, que faz com que a instrução switch...case saia. Se a instrução break não for utilizada, todas as instruções abaixo dessa instrução case também são executadas.

Os programas seguintes explicam como utilizar a instrução break na programação.

Programa	

Código	#include <stdio.h>
	int main(){
	char op = '+';
	float n1 = 10.5,n2 = 17.25;
	printf(" Utilização da instrução break \n");
	switch(op)
	{
	caso '+':
	printf("n1 + n2 = %.2f", n1+n2);
	pausa;
	caso '-':
	printf("n1 - n2 = %.2f, n1-n2);
	pausa;
	caso '*':
	printf("n1*n2 = %.2f", n1*n2);
	pausa;
	caso '/':
	printf("n2/n1 = %.2f", n1/n2);
	pausa;

	por defeito: printf("Erro de programação"); break; }

	retorno 0; }
Saída	Utilização da instrução break n1 + n2 = 27,75
Análise	O programa mostra a aplicação da instrução break.

Resumo:

1. A instrução Switch é utilizada para substituir a escada completa if else.
2. É utilizada para selecionar uma de entre várias condições.

Declaração do problema: No meu programa quero transferir o controlo para uma determinada linha, ou seja, saltar algumas linhas de código

ir para Declaração

Na programação em C, a instrução goto é utilizada para alterar a sequência normal de execução do programa, transferindo o controlo para outra parte do programa.

Sintaxe da instrução goto

etiqueta de seleção;

etiqueta:

declaração;

Programa	Escreva um programa para explicar a instrução goto.

Código	#include <stdio.h>
	int main() {
	int soma=0;
	for(int i = 0; i <= 16; i++){ sum = sum+i;
	// parar o cálculo if(i == 11) { printf("Before goto statement\n"); goto addition;

	printf("Depois de ir para a declaração\n"); } } adição: printf("Dentro da instrução de adição \n"); printf(" Soma dos números = %d", soma); retorno 0; }
Saída	Antes da instrução goto Dentro da instrução add Soma dos números = 66
Análise	Funcionamento da instrução goto.

Não se recomenda a utilização da instrução Goto devido a outras dificuldades de programação. Deve ser utilizada muito pouco no programa.

Resumo:

- A instrução Goto transfere o controlo para o código.
- Go to deve ser o menos utilizado.
- Não é recomendada a utilização extensiva devido a alguns inconvenientes.

Exercício de laboratório:

Exercícios: Construir um fluxograma e escrever um programa para

- Verificar se o triângulo é equilátero, isósceles ou escaleno.

- Verificar se o ano introduzido é bissexto ou não.
- Encontrar o mínimo entre três números.
- Verificar se um número é divisível por 5 e por 11 ou não.
- Verificar se um número é positivo, negativo ou zero utilizando o caso de comutação.
- Conceber uma calculadora que efectue operações aritméticas em dois números utilizando casos de comutação
- Encontrar raízes de uma equação quadrática
- Determinar o fatorial de um número
- Verificar se o número é um palíndromo ou não
- Verificar se o número é perfeito ou não
- Converter um número decimal num número binário.
- Para encontrar a soma das séries [1-$^{X(л)}$2/2!+$^{X(л)}$4/4!-].
- Imprimir os seguintes padrões

* * * * * * * * * * *	A B B C CC D D D D E E E EE
1 2 3 4 5 6 7 8 9 10	

- Calcular o maior divisor comum de dois números.
- Gerar os primeiros n números da série de Fibonacci
- Gerar n números primos.
- Troca dois números usando ponteiros.
- Efectua as cinco operações aritméticas utilizando ponteiros.

***

Capítulo 02: Matrizes

Há um interesse próprio por detrás de cada amizade. Não há amizade sem interesses próprios. Esta é uma verdade amarga..: Chanakya

Objectivos de aprendizagem:

Após a conclusão desta unidade, o aluno será capaz de

- Como armazenar vários dados.
- Como declarar e utilizar.
- Utilização de matrizes na programação.

Declaração do problema: No meu programa quero armazenar os nomes de 100 alunos, é difícil declarar e lembrar os nomes de 100 variáveis num programa.

Na programação em C, um dos problemas que surgem frequentemente é o tratamento de tipos de dados semelhantes. Por exemplo: Se o utilizador quiser armazenar as notas de 100 alunos. Isto pode ser feito criando 100 variáveis individualmente, mas este processo é bastante fastidioso e impraticável. Este tipo de problema pode ser resolvido na programação em C utilizando arrays.

Uma matriz é uma sequência de itens de dados de valor homogéneo (mesmo tipo). Todos os elementos da matriz são do mesmo tipo de dados.

As matrizes são de dois tipos:

1. Matrizes unidimensionais
2. Matrizes multidimensionais (serão abordadas no próximo capítulo)

Declaração de uma matriz unidimensional

Tipo de dados nome_da_matriz[tamanho_da_matriz];

Descrição do problema: Se eu quiser armazenar a idade de 5 pessoas no programa, posso fazê-lo declarando 5 variáveis int e atribuindo-lhes valores. Mas isto torna-se aborrecido de lembrar, utilizar e efetuar algumas operações quando o número de variáveis é 100.

int idade[5]; // Declarar a matriz

Aqui, o nome da matriz é *idade*. O tamanho da matriz é 5, pelo que armazena 5 valores do tipo int. Neste caso, os nomes individuais das variáveis serão idade[0],idade[1],idade[2],idade[3],idade[4].

Isto também pode ser entendido com esta figura.

idade[O]	**idade[l]**	**idade[2]**	**idade[3]**	**idade[4]**

Lembre-se que a matriz começa em 0 e o último elemento é (N-1) . Suponha que o endereço inicial de age[0] é 5120 e o tamanho de int é 4 bytes. Então, o próximo endereço (endereço de a[1]) será 5124, o endereço de a[2] será 5128 e assim por diante.

Inicialização de uma matriz unidimensional:

As matrizes podem ser inicializadas no momento da declaração neste código-fonte como:

int idade[5]={2,4,10,50,80};

Não é necessário definir o tamanho das matrizes durante a inicialização.

int idade[]={2,4,10,50,80};

Neste caso, o compilador determina o tamanho da matriz calculando o número de elementos de uma matriz.

Matriz "	**idade[O]**	**idade[l]**	**idade[2]**	**idade[3]**	**idade [4]**
Valor "	**2**	**4**	**10**	**50**	**80**

Declaração do problema: qual é a relação entre uma matriz e uma variável.

Vamos compreender a declaração da matriz e a atribuição de valores aos elementos da matriz com a ajuda de programas . Neste programa, explica-se como declarar uma variável.

Programa	Escrever um programa para declarar uma matriz unidimensional

Código	#include <stdio.h> void main(void) {
	int count[5];
	}

Saída	Erro: 'count' declarado mas nunca utilizado na função main
Saída	Neste programa é declarada uma matriz de tamanho 5, mas não foi utilizada, por isso, durante a compilação, aparece um erro.

No próximo programa, aprenderemos a declarar variáveis de matriz e a atribuir valores a cada elemento.

Programa	Escrever e programar para compreender a declaração de uma matriz unidimensional

Código	#include <stdio.h>
	void main() {
	printf("Declaração de matrizes \n");
	int count[5] = {15,17,20,23,25};
	// Declaração e inicialização de matrizes printf("Imprimindo valores de elementos de matrizes \n");
	printf("count[0] =%d\n",count[0]);
	printf("count[1] =%d\n",count[1]);
	printf("count[2] =%d\n",count[2]);
	printf("count[3] =%d\n",count[3]);
	printf("count[4] =%d\n",count[4]);
	}

Saída	Declaração de matrizes Impressão de valores de elementos de matrizes count[0] =15 count[1] =17 count[2] =20 count[3] =23 count[4] =25
Saída	Neste programa, uma matriz de 5 tamanhos é declarada e inicializada, após o que o valor de toda a matriz é impresso usando a instrução print.

No próximo programa, aprenderemos a declarar uma matriz e a atribuir valores a cada elemento. Neste programa estamos a tentar imprimir valores fora do intervalo da matriz.

Programa	Escrever e programar para compreender a declaração de uma matriz unidimensional

Código	#include <stdio.h> void main() {
	int count[5] = {15,17,20,23,25};
	printf("count[5] =%d\n",count[5]);
	}

Saída	contagem[5] =32766
Saída	Neste programa é declarado um array de 5 , por defeito este array terá o endereço de count[0] a count[4].
	na instrução de impressão, acede-se a count[5] que não está declarado nem

	inicializado, pelo que é impresso um valor de lixo.

No programa anterior, vimos a declaração e a atribuição de valores de array a cada elemento. Também vimos os loops nos capítulos anteriores, no programa seguinte foram utilizados loops juntamente com o array.

Programa	Escrever um programa para atribuir valores de uma matriz utilizando o ciclo for

Código	#include <stdio.h>
	int main() {
	int count[10];
	int p;
	for(p=0;p<10;p++) {
	contagem[p] = 10+p;
	printf("count[%d] = %d\n",p,count[p]);
	}
	retorno 0;
	}

Saída	contagem[0] = 10 contagem[1] = 11 contagem[2] = 12 contagem[3] = 13 contagem[4] = 14 contagem[5] = 15 contagem[6] = 16 contagem[7] = 17 contagem[8] = 18 contagem[9] = 19
Análise	Neste programa, uma matriz de tamanho 10 é declarada e o valor é inicializado usando um loop for e um operador de atribuição.

No programa anterior, vimos a declaração e a atribuição de valores de matriz a cada elemento.
Até agora, utilizámos apenas valores int. É possível utilizar outros tipos de dados na matriz?

Programa	Escrever um programa para atribuir valores utilizando uma cadeia de caracteres

Código	#include <stdio.h>
	int main() {
	char count[10] = {'a','b','c','d','e','f,'g','h','i',j'}; // Declaração de matriz de caracteres
	int p;

	for(p=0;p<10;p++) {
	printf("count[p] = %c\n", count[p]);
	}
	retorno 0;

	}
Saída	count[p] = a count[p] = b count[p] = c count[p] = d count[p] = e count[p] = f count[p] = g count[p] = h count[p] = i count[p] = j
Análise	Neste programa, uma matriz de tamanho 10 é declarada e o valor é inicializado usando um loop for e um operador de atribuição.

Resumo:

- As matrizes são utilizadas para armazenar mais do que um valor.
- Todos os elementos são do mesmo tipo de dados.
- O tamanho das matrizes é fixo, definido no momento da declaração.
- As matrizes podem ser de qualquer tipo de dados, como int, char, float, double.

Aceder a elementos da matriz

No capítulo anterior, estudámos printf e scanf para a saída e entrada de valores da consola. Por exemplo:

Um aspeto importante a ter em conta nos Arrays.

Suponha que declarou a matriz de 12 alunos. Por exemplo: stt[12]. Pode utilizar os membros da matriz de stt[0] a stt[11]. Mas, e se quiser utilizar o elemento stt[15], stt[16], etc.?

O compilador pode não mostrar um erro ao utilizar estes elementos, mas pode causar um erro fatal durante a execução do programa.

Declaração do problema: A entrada de dados do meu programa é como uma matriz matemática. O que é que posso fazer agora?

Matrizes multidimensionais

A linguagem de programação C permite criar arrays de arrays, conhecidos como arrays multidimensionais. Por exemplo:

Int A[2][6];

Aqui, A é uma matriz de duas dimensões, que é um exemplo de matriz multidimensional. Esta matriz tem 2 linhas e 6 colunas.

Para uma melhor compreensão das matrizes multidimensionais, os elementos da matriz do exemplo anterior podem ser pensados da seguinte forma

	col 1	col 2	col 3	col 4
Linha 1	A[0][0]	A[0][l]	A[0][2]	A[0][3]
Linha 2	A[l][0]	A[l][l]	A[l][2]	A[l][3]

	col 1	col 2	col 3	col 4
Linha 1	A[0][0]	A[0][l]	A[0][2]	A[0][3]
Linha 2	A[l][0]	A[l][l]	A[l][2]	A[l][3]
Linha 3	A[2][3]	A[2][3]	A[2][3]	A[2][3]

Inicialização de matrizes multidimensionais As matrizes multidimensionais podem ser inicializadas de várias maneiras.

int c[2][3]={{1,3,0}, {-1,5,9}};

OU

int c[][3]={{1,3,0}, {-1,5,9}};

OU

int c[2][3]={1,3,0,-1,5,9};

Inicialização de uma matriz tridimensional

O programa a seguir é a inicialização da matriz tridimensional

Programa	Escrever e programar para declarar uma matriz multidimensional

Código	#include <stdio.h>
	int main() {
	int count[2][3] = {{5,7,9},{100,105,110}};
	// declaração de matriz multidimensional int
	printf("count[1][2]=:%d\n",count[1][2]); return 0;
	}

Saída	contagem[1][2]=:110
Análise	neste programa é criada uma matriz multi-dimensional de 2*3. nesta matriz os elementos serão criados como contagem[0][0] contagem[0][1] contagem[0][2] contagem[1][0] contagem[1][1] contagem[1][2]

O programa seguinte é a inicialização da matriz tridimensional.

Programa	Escrever e programar para declarar uma matriz multidimensional

Código	#include <stdio.h>
	int main() {
	int count[2][5] = {{5,7,9,11,13},{10,15,20,25,30}};
	// declaração de matriz multidimensional int
	printf("count[0][4]=:%d\n",count[0][4]);
	retorno 0;
	}

Saída	contagem[0][4]=:13
Análise	Neste programa, é criada uma matriz multidimensional de 2*5. Nesta matriz, os elementos serão criados como
contagem[0][0] contagem[0][1]contagem[0][2] contagem[0][3] contagem[0][4] contagem[1][0] contagem[1][1] contagem[1][2] contagem[1][3] contagem[1][4]	

Nos capítulos anteriores, estudámos os laços for para a natureza repetitiva do trabalho. Será possível utilizar o laço for na matriz multidimensional? Ou será uma boa ideia para reduzir o comprimento do código e fazer programação facilmente.

Programa	Escrever um programa para declarar uma matriz multidimensional, utilizando o ciclo for para imprimir valores

Código	#include <stdio.h>
	int main() {
	int count[2][5] = {{5,7,9,11,13},{10,15,20,25,30}};
	// declaração de matriz multidimensional int
	int p,q;
	for(p=0;p<2;p++)
	for(q=0;q<5;q++) {
	printf("count[%d][%d]=%d\t",p,q,count[p][q]);
	}
	printf("\n");
	retorno 0;

	}
Saída	contagem[0][0]=5 contagem[0][1]=7 contagem[0][2]=9 contagem[0][3]=11 contagem[0][4]=13 contagem[1][0]=10 contagem[1][1]=15 contagem[1][2]=20 contagem[1][3]=25 contagem[1][4]=30
Análise	neste programa e é criada uma matriz multidimensional de 2*5. um ciclo for é utilizado para imprimir valores da matriz multidimensional

Resumo:

- As matrizes podem ser entendidas como matrizes.
- As matrizes podem ser utilizadas para armazenar dados.
- Pode funcionar para armazenar dados multi-dimensionais.

Descrição do problema: No meu programa armazenei 10 dados variáveis em matrizes, posso enviar estes dados como parâmetro de entrada para uma função.

Matrizes como argumento ou como parâmetros de entrada

Matrizes e funções

Na programação em C, um único elemento de uma matriz ou uma matriz inteira podem ser passados para uma função. Além disso, tanto uma matriz unidimensional como multidimensional pode ser passada para uma função como argumento.

Passando uma matriz unidimensional em uma função

Programa	Escreva um programa para passar um único valor de uma matriz

Código	#include <stdio.h>
	void display(int a)
	{
	printf("%d",a);
	}
	int main(){
	printf(" Declaração de matriz\n");
	int c[]={2,3,4};
	printf(" calling function and passing an single element from array as input\n");
	display(c[2]); //Passando apenas o elemento da matriz c[2].
	retorno 0;
	}

Saída	Declaração de matriz chamar a função e passar um único elemento da matriz como entrada 4
Análise	É passado um valor Single e o teste é impresso no ecrã

Um único elemento de uma matriz pode ser passado de forma semelhante à passagem de uma variável para uma função.

Passagem de uma matriz unidimensional inteira para uma função

Ao passar matrizes para o argumento, o nome da matriz é passado como um argumento(, ou seja, o endereço inicial da área de memória é passado como argumento).

Escreva um programa para passar uma matriz que contém a idade de uma pessoa para uma função. Esta função deve encontrar a idade média e apresentar a idade média na função principal.

Programa	Escreva um programa para passar uma matriz como parâmetro de entrada.

Código	#include <stdio.h>
	float average(float a[]);
	int main() {
	// declaração de matriz
	float avg;
	float c[]={23.4, 55, 22.6, 3, 40.5, 18};
	printf("Antes de chamar a função média\n");
	avg=average(c);
	printf("Depois de chamar a função média\n");
	printf("Idade média=%.2f",avg);
	retorno 0;
	}
	// declaração de função de flutuação
	float average(float a[]) {
	int i;
	printf("Função média interna\n");
	float avg, sum=0.0;
	for(i=0;i<6;++i){
	soma+=a[i];
	}
	avg =(soma/6);
	retorno avg;
	}

Saída	Antes de chamar a função média Dentro da função média Depois de chamar a função média Idade média=27,08
Análise	Exopalining nutilização de matrizes em funções.

Resumo:

- As matrizes podem ser utilizadas para transmitir valores.
- A função pode aceitar matrizes como parâmetro de entrada.

Programas diversos em matrizes

Programa	Escreva um programa para encontrar o tamanho de uma matriz.

Código	#include <stdio.h>
	int main(){
	int arr[5];
	int i=10;
	for(i=0;i<sizeof(arr);i++) {

	// printf("Tamanho da matriz = %d\n",sizeof(arr));
	}
	printf("Tamanho da matriz = %d\n",sizeof(arr));
	retorno 0;
	}

Saída	Tamanho da matriz = 20

Programa	Escrever um programa para encontrar um valor duplicado presente numa matriz

Código	#include <stdio.h>
	int main() {
	int count[10] = {5,7,9,5,7,13,15,18,24,29};
	int p,q,duplicado;
	// comparar elementos do conjunto
	for(p=0;p<10;p++)
	{
	for(q=p+1;q<10;q++) {
	se(contagem[p]==contagem[q])
	{
	duplicado=1;
	pausa;
	}}
	se(duplicado==1)
	pausa;
	}
	se(duplicado==1)
	printf("Valor duplicado presente:\n");
	senão
	printf("Não existe nenhum valor duplicado: \n");
	retorno 0;
	}

Saída	

Programa	Escrever um programa para encontrar um valor duplicado presente numa matriz
Código	#include <stdio.h> int main() {

	int count[10] = {5,7,9,10,11,13,15,18,24,29};
	int p,q,duplicado=0;
	// comparar elementos do conjunto
	for(p=0;p<10;p++)
	{
	for(q=p+1;q<10;q++) {
	se(contagem[p]==contagem[q])
	{
	duplicado=1;
	pausa;
	}}
	se(duplicado==1)
	pausa;
	}

	se(duplicado==1)
	printf("Valor duplicado presente");
	senão
	printf("Não existe nenhum valor duplicado: \n");
	retorno 0;
	}

Saída	Não existe nenhum valor duplicado:

Programa	Escrever e programar para contar o número de números pares e ímpares numa matriz

Código	#include <stdio.h> int main() { int count[10] = {5,7,9,10,11,13,15,18,24,29};
	int p, par=0,ímpar=0;
	// comparar elementos da matriz for(p=0;p<10;p++) {
	se(count[p]%2==0) even++;
	senão
	estranho++;
	}
	printf("O número de contagens ímpares é =%d\n",ímpar); printf("O número de contagens pares é =%d\n", par); return 0;
	}

Saída	O número de contagens ímpares é =7 O número de pares é =3
Programa	Escrever um programa para inverter a sequência de caracteres introduzidos numa matriz

Código	#include <stdio.h> int main() { int count[10] = {5,7,9,10,11,13,15,18,24,29};
	int p,q,store;
	// comparar elementos da matriz for(p=0,q=9;p<q;p++,q--) {
	loja = contagem[p];
	contagem[p] = contagem[q];
	contagem[q] = loja;
	}
	printf(" A matriz inversa é :\n"); for(p=0;p<10;p++) printf("%d\t",count[p]);
	retorno 0;
	}

Saída	A matriz inversa é : 29 24 18 15 13 11 10 9 7 5

Programa	Escrever um programa para declarar uma cadeia de caracteres e imprimi-la utilizando o ciclo while

Código	#include <stdio.h>
	int main() {
	char name[] = "PRAVEENGUPTA";
	int i=0;
	while(name[i] != '\0') {

	printf(" %c" ,nome [i]);
	i++;
	}
	retorno 0;
	}

Saída	PRAVEENGUPTA

Resumo:

- As matrizes podem ser utilizadas como parâmetro de entrada.
- As matrizes podem ser utilizadas em funções.

Declaração do problema: qual é a relação entre uma matriz e uma variável. Vamos compreender a declaração da matriz e a atribuição de valores aos elementos da matriz com a ajuda de programas. Neste programa, explica-se como declarar uma variável.

Programa	Escrever um programa para declarar uma matriz unidimensional

Código	#include <stdio.h>
	void main(void) {
	int count[5]; // Declaração de matriz
	}

Saída	Erro: 'count' declarado mas nunca utilizado na função main
Saída	Neste programa é declarada uma matriz de tamanho 5, mas não foi utilizada, por isso, durante a compilação, aparece um erro.

No próximo programa, aprenderemos a declarar variáveis de matriz e a atribuir valores a cada elemento.

Programa	Escrever um programa para declarar uma matriz unidimensional

Código	#include <stdio.h>
	void main(void){
	int count[5] = {15,17,20,23,25};
	// Declaração e inicialização da matriz
	printf("count[0] =%d\n",count[0]); // imprimir o valor de count[0]
	printf("count[1] =%d\n",count[1]);
	printf("count[2] =%d\n",count[2]);
	printf("count[3] =%d\n",count[3]);
	printf("count[4] =%d\n",count[4]);
	}

Saída	contagem[0] =15 contagem[1] =17 contagem[2] =20 contagem[3] =23 contagem[4] =25
Saída	Neste programa, uma matriz de 5 tamanhos é declarada e inicializada, após o que o valor de toda a matriz é impresso utilizando a instrução print.

No próximo programa vamos aprender a declarar uma matriz e a atribuir valores a cada elemento.

Neste programa, estamos a tentar imprimir valores fora do intervalo da matriz.

Programa	Escrever um programa para imprimir o valor de uma matriz fora do intervalo

Código	#include <stdio.h>
	void main(void) {
	int count[5] = {15,17,20,23,25}; // Declaração e inicialização da matriz
	printf("count[5] =%d\n",count[5]); // imprimir o valor de count[0]
	}

Saída	contagem[5] =9351
Saída	Neste programa é declarado um array de 5 , por defeito este array terá o endereço de count[0] a count[4]. na instrução print é acedido count[5] que não está declarado nem inicializado por isso é impresso um valor de lixo.

No programa anterior, vimos a declaração e a atribuição de valores de array a cada elemento. Também vimos os loops nos capítulos anteriores, no programa seguinte foram utilizados loops juntamente com o array.
No programa anterior, vimos a declaração e atribuição de valores de matriz a cada elemento.
Até agora, utilizámos apenas valores int. É possível utilizar outros tipos de dados na matriz?

Programa	Escrever um programa para atribuir valores utilizando uma cadeia de caracteres

Código	#include <stdio.h>
	int main() {
	char count[10] = {'a','b','c','d','e','f,'g','h','i',j'}; // Declaração de matriz de caracteres
	int p;
	for(p=0;p<10;p++){
	printf("count[p]=:%c\n", count[p]);
	}
	retorno 0;
	}

Saída	[illegible]
Análise	Neste programa, uma matriz de tamanho 10 é declarada e o valor é inicializado usando um loop for e um operador de atribuição.

Resumo:

As matrizes são posições de memória contínuas.
As matrizes podem ser de qualquer tipo de dados.
As matrizes podem ser utilizadas de várias formas.

###

Capítulo-03 : Ponteiros

Há um interesse próprio por detrás de cada amizade. Não há amizade sem interesses próprios. Esta é uma verdade amarga..:
Chanakya

Objectivos de aprendizagem:

Após a conclusão desta unidade, o aluno será capaz de

- Base dos ponteiros.
- Como utilizar ponteiros.
- Utilização de apontadores na programação.

Descrição do problema: No meu programa, declarei uma matriz e variáveis, que estão armazenadas numa posição de memória. Posso efetuar operações diretamente nessas posições de memória?

Introdução: Os ponteiros são uma caraterística poderosa da programação em C e (C++), que a distingue de outras linguagens de programação populares como: Java e Visual Basic. Os ponteiros são utilizados no programa C para aceder à memória e manipular o endereço.

Localizações de memória: Vamos compreender as localizações da memória no interior do computador, o computador e os processadores são dispositivos electrónicos. Toda a informação é armazenada nalgumas localizações físicas, que têm um endereço único. O número de localizações no hardware do computador depende do número de bits. Num sistema normal de 32 bits, haverá $2^{Л}32$ localizações, o que equivale a 4 GB. Em relação à programação em C, deve ficar claro que todas as variáveis e um programa precisam de uma localização de memória para serem executados. A figura seguinte mostra uma visão típica do diagrama de localização de memória.

2000
2004
2008
2012
2016
2020
2024
2028
2032

Descrição do problema: O que acontece exatamente quando declaro uma variável na programação em C.

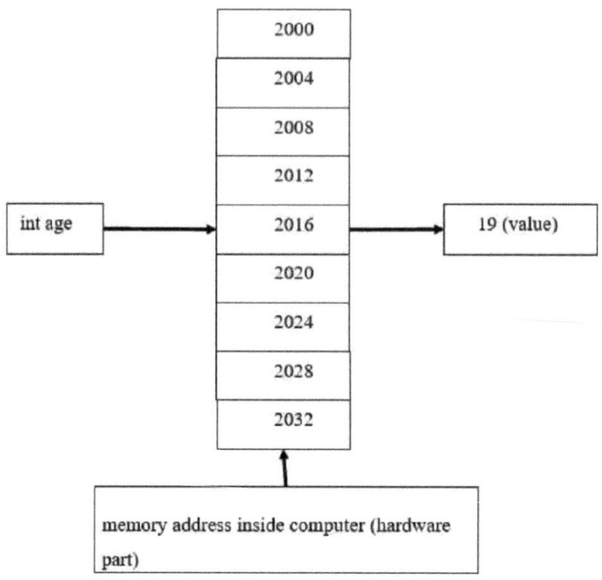

Declaração de variável:
Uma variável int simples é declarada da seguinte forma.
int idade =19;
int count= 5;
Se int idade =19 é uma variável declarada, então é atribuída uma memória dentro do computador cujo nome é identificado como idade, este nome foi dado por um programador que é fácil de lembrar e relevante para o programa. Uma posição de memória 2016, como mostra a figura acima, é atribuída a esta variável designada por idade. As posições de memória são para operações internas do computador e os nomes das variáveis são para nós, relevantes para o programa.
Outro exemplo de localização de memória:

9000 9004
9008
9012
9016
9020
9024
9028
9032

No mapa de localização de memória acima, se for declarada uma variável int count 5, o sistema atribuirá um endereço à variável de nome count.

Compreender como as variáveis e as matrizes são armazenadas no computador:

A todas as variáveis e matrizes que declarámos até agora é atribuída uma localização de memória. As atribuições de memória são números inteiros. Sabemos que é mais fácil efetuar cálculos rápidos com valores numéricos.

Examine novamente o exemplo anterior:

Na figura acima, *a idade int = 19* foi armazenada na posição de memória 2016. Ao vermos a figura da posição de memória acima, podemos compreender que a posição de memória seguinte é 2020, 2024, etc.

Assim, podemos chegar às posições de memória seguintes a uma velocidade mais rápida e com uma abordagem mais fácil. Para isso, temos de nos lembrar do endereço de memória da variável int idade = 19. Para armazenar este endereço de memória, precisamos de definir uma variável de tipo especial, conhecida como ponteiro.

Declaração de variável de ponteiro

Para declarar uma variável de ponteiro utilize o símbolo *, o resto do processo é igual à declaração da variável.

int * a; // esta variável armazenará o endereço ou a localização de memória do tipo int.

char *name; // esta variável irá armazenar o endereço ou localização de memória do tipo char

float *total; // esta variável irá armazenar o endereço ou a localização de memória do tipo float

Endereço de memória da variável

Para armazenar o endereço de memória da variável, o nosso programa tem de descobrir o endereço da variável.

Para descobrir o endereço de uma determinada variável, utilize o operador & (e comercial) antes do nome da variável.

Exemplo:

a = &age // O operador & e comercial devolverá o endereço de memória.

Definições de ponteiros

Três termos importantes associados a variáveis e ponteiros. Cada variável tem uma localização de memória no sistema, o nome da variável é fácil de lembrar para os utilizadores. Cada variável armazena um valor, também conhecido como dados. Os dados são utilizados para resolver um problema. As variáveis e a localização na memória são o mecanismo para resolver o problema. Os ponteiros são o tipo especial de variáveis que são utilizadas para armazenar endereços de memória.

Porquê utilizar o endereço de memória: Como sabemos que os cálculos são mais rápidos com dados numéricos, utilizamo-los para melhorar a eficiência do sistema e reduzir o tempo de execução.

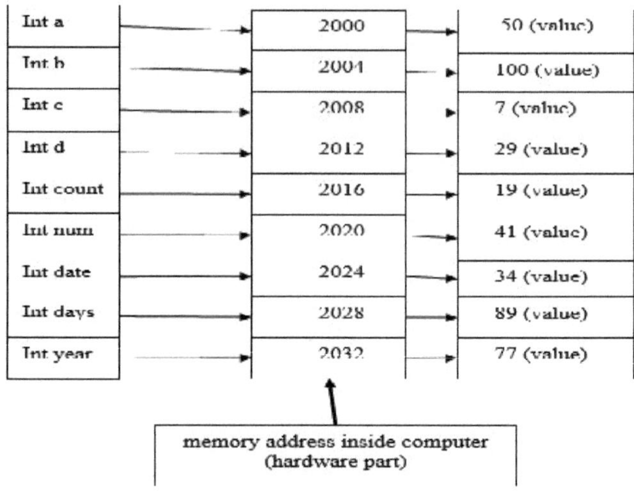

Resumo:

- O ponteiro armazena o endereço da variável.
- O endereço é o endereço de memória, retirado da memória
- Os endereços de memória são os números sequenciais.
- Os ponteiros não armazenam quaisquer dados ou valores.

Declaração de ponteiro

A declaração de ponteiro é semelhante à declaração de variável, mas aqui adicionamos um * para a identificar como variável de ponteiro.

Syntex

tipo_de_dados * nome_da_variável_de_ponto;

Exemplo

int *soma;

int *total;

int *p;

Todos os três exemplos acima declaram uma variável de ponteiro.

Agora escreva um programa simples para declarar uma variável e uma variável ponteiro.

Programa	Escreva um programa para declarar um ponteiro.

Código	// Unidade II , POINTERS
	#include <stdio.h>
	int main(){
	int c; // declaração de variável
	int *pc; // declaração de ponteiro

	c=22; // atribuição de valor a c
	printf("Endereço de c:%d\n",&c);
	printf("Valor de c:%d\n\n",c);
	retorno 0;
	}

Saída	Endereço de c:8754 Valor de c:2
Análise:	&c(ambersand c) é usado para saber o endereço da variável c. Note-se que neste programa apenas o endereço foi descoberto mas não foi atribuído à variável ponteiro. É necessário declarar c como int antes de tentar descobrir o endereço. O endereço devolvido depende da máquina.

O diagrama seguinte explica a relação entre a variável c e a variável de ponteiro pc e o seu nome, valor e endereço de memória.

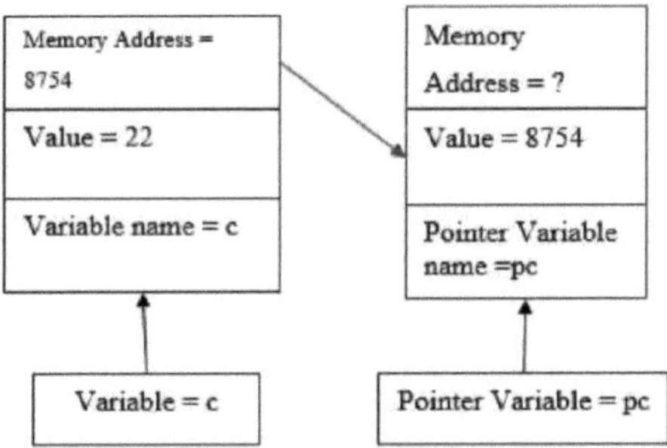

Relationship between variable c and pointer variable pc

Agora modifique o programa acima para atribuir o endereço da variável inteira c à variável ponteiro.

Programa	escrever um programa para declarar um ponteiro e atribuir um endereço de memória.

Código	#include <stdio.h>
	int main(){
	int c; // declaração de variável
	int *pc; // declaração de ponteiro
	c=22; // Atribuição de valores à variável c
	printf("Endereço de c = %d\n",&c); // Imprimir o endereço no ecrã
	printf("Valor de c = %d\n\n",c); // imprimir o valor de c no ecrã
	pc=&c; // Atribuição do endereço da variável c à variável pc
	printf("Endereço do ponteiro pc = %d\n",pc);
	printf("Conteúdo do ponteiro pc = %d\n\n",*pc);
	retorno 0;

	}
Saída	Endereço de c = 1665396628 Valor de c = 22 Endereço do ponteiro pc = 1665396628 Conteúdo do ponteiro pc = 22
Análise	pc=&c; este código atribui o endereço de memória à variável ponteiro. &c = 8754 é o endereço de memória da variável c pc representa o endereço de memória de c *pc será explicado mais adiante

Resumo:

- Os ponteiros são declarados usando * point
- O endereço da memória é encontrado utilizando o comando &.

Isto significa que a variável de ponteiro armazena um número que pode ser entendido como endereço NÃO valor. O funcionamento de uma variável e de uma variável de ponteiro é semelhante até certo ponto. Mas lembre-se que a variável armazena o valor enquanto a variável de ponteiro armazena o endereço de memória.

Variável = valor;

Variável de ponteiro = endereço de memória;

Descrição do problema: Compreendi que o ponteiro contém o endereço, mas posso ver qual é o valor.

Programa	

Código	#include <stdio.h>
	int main(){
	int c; // declaração de variável
	int *pc; // declaração de ponteiro, armazenará o endereço
	c=22;
	printf("variável c Endereço = %d\n", &c);
	printf("variável c Valor = %d\n\n", c);
	pc=&c; // Atribuição de valor ao ponteiro
	printf("variável de ponteiro pc valor (endereço de memória) = %d\n", pc);
	printf("variável de ponteiro pc, valor armazenado no endereço de memória = %d\n",*pc);
	printf("Endereço de *pc = %d\n", &*pc);
	retorno 0;
	}

Saída	variável c Endereço = -193306796 variável c Valor = 22 valor da variável de ponteiro pc (endereço de memória) = -193306796 variável de ponteiro pc, valor armazenado no endereço de memória = 22 Endereço de *pc = -193306796
Análise	Neste programa o valor da variável ponteiro foi impresso, para imprimir o valor da variável ponteiro utilize *pc ou *(variável ponteiro).

Resumo dos comandos para a variável ponteiro:

Nesta fase, estamos a resumir quatro conceitos importantes que devemos recordar e aplicar durante a programação.

Seja uma variável int c.

1. Declaração de variável de ponteiro

int *pc;

2. Atribuição do endereço de memória ao ponteiro

pc = &c;

3. Imprimir um endereço de memória que tenha sido guardado no PC

printf("valor da variável de ponteiro pc (endereço de memória):%d\n", pc);

4. Impressão de um valor indicado por uma variável de ponteiro.

printf("variável de ponteiro pc, valor :%d\n",*pc);

Posso alterar o valor de uma variável sem utilizar uma variável? Neste programa, o valor da variável c foi alterado com a ajuda de ponteiros.

Programa	Escreva um programa para declarar um ponteiro e alterar o valor da variável sem a utilizar.

Código	#include <stdio.h>
	int main(){
	int c; // declaração de variável
	int *pc; // declaração do ponteiro, armazenará o endereço
	c=22;
	printf("Endereço da variável c = %d\n",&c);
	printf("Valor de c = %d\n\n",c);
	pc=&c; // Atribuição de valor ao ponteiro
	printf("Endereço do ponteiro pc = %d\n",pc);
	printf("Conteúdo do ponteiro pc = %d\n\n",*pc);
	c=11; // o valor da variável c foi alterado
	printf("Endereço do ponteiro pc = %d\n", pc); printf("Conteúdo do ponteiro pc = %d\n\n",*pc);
	*pc=2; // conteúdo do ponteiro alterado
	printf("Endereço da variável c = %d\n",&c);
	printf("Valor da variável c = %d\n\n",c);
	retorno 0;

	}
Saída	Endereço da variável c = 2133087380 Valor de c = 22 Endereço do ponteiro pc = 2133087380 Conteúdo do ponteiro pc = 22 Endereço do ponteiro pc = 2133087380 Conteúdo do ponteiro pc = 11 Endereço da variável c = 2133087380 Valor da variável c = 2

Agora que percebi que *pc ou *(nome do ponteiro) é utilizado para imprimir o valor indicado pelo ponteiro para qualquer uma das operações matemáticas, posso utilizar este comando para atribuir valor a outra variável.

Este é outro exercício para compreender a variável de tipo de dados char e a variável de ponteiro.

Programa	escrever um programa para declarar o ponteiro de char

Código	// Unidade II ,PONTEIROS
	#include <stdio.h>
	#include <conio.h> int main() {
	char *pc; // declaração do ponteiro, ele armazenará endereço
	char c; // variável char
	c='A'; // atribuição de variável char
	pc = &c;
	printf("valor da variável ponteiro = %c\n",*pc);
	printf("valor da variável ponteiro = %c\n",c);
	getch();
	retorno 0;
	}

Saída	valor da variável do ponteiro = A valor da variável do ponteiro = A

Neste programa, todos os tipos de dados frequentemente utilizados foram usados para identificar o tamanho da memória ocupada pela variável.

Escrever um programa para declarar uma variável inteira e um ponteiro inteiro

Código	#include <stdio.h> int main() { int a=10;
	printf("\n Endereço de a =%u",&a); printf("\n Valor de a %d",a);
	retorno 0;
	}

Saída	Endereço de um =2772456020 Valor de um 10
Programa	escrever um programa para declarar o ponteiro e imprimir o endereço

Código	#include <stdio.h>
	int main() {
	int p=10,q,*ptr;
	ptr = &p;
	q = *ptr;
	printf("p = %d\n", p); printf("*ptr = %d\n ", *ptr); printf("q = %d", q);
	retorno 0;
	}

Saída	p = 10 *ptr = 10 q = 10

Resumo:

- O ponteiro pode ser utilizado para tipos de dados char
- Os ponteiros podem ser para outros tipos de dados.
- Os programas acima explicam a utilização do ponteiro.

Aritmética de ponteiros

O programa seguinte explica a utilização do ponteiro com operações aritméticas.

Programa	escrever um programa para Adicionar, Multiplicar, Subtrair dois números usando ponteiro

Código	#include <stdio.h>
	int main() {
	int a=15,b=5,*ptr1,*ptr2;
	ptr1 = &a;
	ptr2 = &b;
	printf("\nValor da variável a= %d\n",a);
	printf("\valores da variável b = %d\n",b);

	printf("\nAdição de a,b= %d\n", *ptr1+b); printf("\nSubtracção a,b utilizando ponteiros = %d\n", *ptr1-b); printf("\nMultiplicação de a,b utilizando ponteiros = %d\n", *ptr1**ptr2); retorno 0; }
Saída	Valor da variável a= 15 Valor da variável b =5 Adição de a,b= 20 Subtração de a,b com ponteiros = 10 Multiplicação de a,b com ponteiros = 75
Saída	

Subtração e comparação de ponteiros

O ponteiro armazena um valor int, pelo que podemos efetuar algumas operações matemáticas com ele. Podemos fazer adição e subtração nos valores do ponteiro.
A variável ponteiro armazena o endereço para que possamos efetuar apenas as duas operações acima referidas e chegar à localização seguinte da memória de forma mais rápida.
Podemos aumentar o endereço de memória incrementando ou decrementando valores.

Ponteiros nulos

Declaração do problema: No meu programa declarei um ponteiro mas ele não armazena nenhum valor

O que vamos aprender: Sim, estes são conhecidos como ponteiros nulos

Um *ponteiro nulo* é um valor de ponteiro especial que se sabe que não aponta para lado nenhum. O que isto significa é que nenhum outro ponteiro válido, para qualquer outra variável ou célula de array ou qualquer outra coisa, será alguma vez comparado com um ponteiro nulo.

Programa	escrever um programa para declarar um ponteiro

Código	// Ponteiros e matrizes
	#include <stdio.h>
	int main() {
	int a[10]; // Arary int *ptr; // ponteiro ptr = a;
	printf("\n Endereço da matriz A = %u\n", a);

	printf("\nValor do ponteiro ptr = %u\n",ptr); printf("\n Endereço do 0.º elemento &a[0]= %u\n", &a[0]); retorno 0; }
Saída	Endereço da matriz A = 3497015552

	Valor do ponteiro ptr = 3497015552 Endereço do 0.º elemento &a[0]= 3497015552

Resumo:

- Os ponteiros armazenam o endereço de memória que é um número.
- São possíveis operações aritméticas sobre estes valores numéricos.
- Os ponteiros nulos são ponteiros especiais.

Operador de referência(&)

Quando utilizamos variáveis e apontadores, precisamos de saber o endereço de memória das variáveis, podemos saber o endereço utilizando o operador (&). Este operador devolve o endereço de memória da variável. Se *var* é uma variável, então, &var é o endereço em memória.

Nota: Pode obter um valor diferente de endereço ao utilizar este código.

Operador de referência(*) e variáveis de ponteiro

As variáveis de ponteiros são utilizadas para tomar endereços como valores, ou seja, uma variável que contém um valor de endereço é designada por variável de ponteiro ou simplesmente ponteiro.

Programa	escrever um programa para adicionar 10 números utilizando uma matriz e ponteiros

Código	// Ponteiros e matrizes
	#include <stdio.h>
	int main(){
	int i , *p,sum=0;
	int count[10] = {10,11,12,13,14,15,16,17,18,19};
	p = contagem;
	for(i=0; i<10; i++)
	{
	soma = soma + *p;
	p++;
	}
	printf("\nA soma é : %d" , soma);

evoluir 0;

	}
Saída	A soma é: 145
Análise	O ponteiro é utilizado para aceder aos valores e depois adicioná-los.

Programa	escrever um programa para declarar um ponteiro de matriz

Código	// Ponteiros e matrizes
	#include <stdio.h>
	int main(){
	int a[10],*p;
	p = a;
	printf("\n Endereço da matriz a = %u", a);
	printf("\nValor do ponteiro ptr = %u", p);

	printf("\n Endereço do outro elemento &a[0]= %u", &a[0]); retorno 0; }
Saída	Endereço da matriz a = 1709444560 Valor do ponteiro ptr = 1709444560 Endereço do outro elemento &a[0]= 1709444560
Análise	Endereço da matriz , ponteiro e endereço do primeiro elemento da matriz impressa
Programa	escrever um programa para ler uma matriz e apresentar uma matriz de n números inteiros

Código	// Ponteiros e matrizes
	#include <stdio.h>
	int main(){
	int i,n=10;
	int count[10] = {5,6,7,8,9,10,11,12,13,14};
	int *p = count;
	printf("Números em matrizes\n");
	for(i=0; i<n; i++)
	{
	printf("Localização %d :",i);
	printf("%d\t\n", *(p+i));
	}
	retorno 0;
	}

Saída	Números em matrizes Localização 0 :5
	Localização 1 :6 Localização 2 :7 Localização 3 :8 Localização 4 :9 Localização 5 :10 Localização 6 :11 Localização 7 :12 Localização 8 :13 Localização 9 :14
Análise	Os elementos de uma matriz são acedidos através de um ponteiro.

Resumo:

- Os ponteiros são utilizados como variáveis.
- & é utilizado para o endereço de acesso
- As matrizes podem ser utilizadas em ponteiros.

Erros comuns em ponteiros

Suponha que o programador quer que o ponteiro pc aponte para o endereço de c. Então,

```
int c, *pc;
pc=c;  /* pc é um endereço, enquanto que c não é um endereço. */
*pc=&c;        /* &c é um endereço, enquanto que *pc não é um endereço. */
```

Declaração do problema: Posso usar ponteiros tal como o conceito de arrays

O que vamos aprender: Sim, podemos declarar ponteiros como arrays

Ponteiros e matrizes

Resumo das grelhas: As matrizes são uma coleção de itens homogéneos. No capítulo anterior, vimos que as matrizes nos ajudam a reduzir o código e que o tratamento de dados semelhantes se torna mais fácil.

Descrição do problema: No meu programa quero armazenar 10 endereços de memória para efetuar um cálculo, terei de declarar 10 variáveis de ponteiro.

No capítulo anterior foi explicado o conceito de array e vimos que, sempre que no programa precisamos de 10, 50, ... variáveis, apesar de declararmos tantas variáveis, podemos declarar um array com o comprimento desejado.

Podemos declarar	uma variável de ponteiro com matriz.
Soma int;	// declaração de uma única variável
Int soma[50];	// declaração de uma matriz
Int *sum;	// declaração de uma variável de ponteiro único
Int *sum[50];	// declaração de uma variável de ponteiro com uma matriz

Declaração do problema: muitas vezes utilizo uma matriz para armazenar valores semelhantes, posso utilizar um ponteiro para efetuar algumas operações.

Quando atribuímos um ponteiro à variável p igual à variável a da matriz a, então o ponteiro será apontando para o 0th / Primeiro elemento da matriz.

O programa acima mostra claramente que a variável ponteiro aponta para o primeiro elemento da matriz. Agora, o que acontecerá se incrementarmos o ponteiro em 1, então ele deve indicar o próximo elemento da matriz. Assim, se continuarmos a inverter a variável ponteiro em 1, podemos percorrer todos os elementos da matriz.

No programa seguinte, os elementos da matriz foram apresentados utilizando um ponteiro.

Programa	Escreva um programa para apresentar elementos de uma matriz utilizando um ponteiro.

Código	#include <stdio.h>
	int main() {
	int a[8] ={5,10,15,20,25,30,35,40};
	int *p,i;
	p = a;
	for(i=0;i<8;++i){
	printf("a[%d] = %d\n",i,*p);
	p++; // aumentar ponteiro
	}
	retorno 0;

	}
Saída	a[0] = 5 a[1] = 10 a[2] = 15 a[3]= 20 a[4] = 25

	a[5] = 30 a[6]= 35 a[7]= 40
Análise	O ponteiro é utilizado para aceder aos elementos da matriz, depois o ponteiro é aumentado e a matriz é acedida.

Com o funcionamento do programa acima, percebemos que o ponteiro é atribuído igual à matriz, então ele mantém o endereço dos primeiros elementos da matriz, aumentando o ponteiro em 1, ele apontará para o próximo elemento da matriz, e é possível percorrer todos os elementos da matriz.

Nos exemplos anteriores aprendemos que é possível encontrar o valor do endereço do ponteiro utilizando *. Agora, no próximo exemplo, usando os conceitos acima, estamos a escrever um programa para calcular a soma dos elementos de um array usando um ponteiro.

Programa	escrever um programa para adicionar 10 números utilizando uma matriz e ponteiros

Código	#include <stdio.h>
	int main() {
	int count[8] ={5,10,15,20,25,30,35,40};
	int i , *p, soma=0;
	p = contagem;
	for(i=0; i<8; i++)
	{
	soma = soma + *p;
	p++;
	}
	printf("\nA soma é : %d" , soma);
	retorno 0;
	}

Saída	A soma é: 180
Saída	Arrays declarados e depois em loop , Ponteiro utilizado

Em continuação ao conceito discutido anteriormente, escreva um programa para ler 6 números e exibir a soma dos números usando matriz e ponteiro.

Programa	escrever um programa para mostrar o endereço de uma cadeia de caracteres.

	#include <stdio.h>
	int main(){
	char c[4];
	int i;
	for(i=0;i<4;++i){
	printf("Endereço de c[%d]=%x\n",i,&c[i]);
	}
	retorno 0;
	}

Saída	Endereço de c[0]=69ac5db4 Endereço de c[1]=69ac5db5

	Endereço de c[2]=69ac5db6 Endereço de c[3]=69ac5db7
Saída	Tipo de dados Char declarado e endereço desse tipo de dados impresso.

O tipo de dados Char requer um espaço de armazenamento de I byte, pelo que todos os valores de endereço serão incrementados em 1.
As matrizes estão intimamente relacionadas com os ponteiros na programação em C. As matrizes e os ponteiros são sinónimos em termos da forma como utilizam para aceder à memória. Mas a diferença importante entre eles é que uma variável de ponteiro pode receber diferentes endereços como valor, enquanto que, no caso de uma matriz, o valor é fixo. Isto pode ser demonstrado com um exemplo:
Considerar e ordenar:
int name[6];

Nome do conjunto ''	паше [0]	паше[1]	паше[2]	паше[3]	паше [4]	паше[:]
Memória de matriz	**8000**	**8004**	**8008**	**8012**	**8016**	**8020**

Todos os endereços das matrizes são incrementados da mesma forma, todos os endereços de memória das matrizes serão incrementados em 1, 2 ou 4 bytes.
Declaração do problema: Posso usar funções em ponteiros

Ponteiros como parâmetros

Anteriormente, aprendemos que as funções em C recebem cópias dos seus argumentos. (Isso significa que C usa *chamada por valor*; isso significa que uma função pode modificar um de seus argumentos sem modificar o valor no chamador). Não o dissemos na altura, mas quando uma função é chamada, as cópias dos argumentos são feitas como se fossem por atribuição. Mas uma vez que as matrizes não podem ser atribuídas, como é que uma função pode receber uma matriz como argumento? A resposta explicará porque é que as matrizes são uma exceção aparente à regra de que as funções não podem modificar os seus argumentos.
Temos estado a chamar regularmente uma função getline como esta:
linha de caracteres[100];
getline(line, 100);
com a intenção de que getline leia a próxima linha de entrada no array de caracteres line. Mas no parágrafo anterior, aprendemos que quando mencionamos o nome de um array numa expressão, o compilador gera um ponteiro para o seu primeiro elemento. Portanto, a chamada acima é como se tivéssemos escrito
linha de caracteres[100];
getline(&line[0], 100);
Por outras palavras, a função getline *não* recebe uma matriz de char; na verdade, recebe um ponteiro para char!
Como vimos ao longo deste capítulo, é fácil manipular os elementos de um array usando ponteiros, por isso não há nenhuma dificuldade intransponível se get line receber um ponteiro. Uma questão permanece, no entanto: nós estávamos definindo get line com seu parâmetro line declarado como um array:

```
int getline(char line[], int max)
{
}
```

Mencionámos que não tínhamos de especificar um tamanho para o parâmetro line, com a explicação de que getline utilizava realmente o array no seu chamador, onde o tamanho real era especificado. Mas essa declaração certamente se parece com um array - como pode funcionar quando getline realmente recebe um ponteiro?

A resposta é que o compilador C faz uma pequena coisa nas suas costas. Ele sabe que sempre que mencionamos o nome de um array numa expressão, ele (o compilador) gera um ponteiro para o primeiro elemento do array. Portanto, ele sabe que uma função nunca pode realmente receber um array como parâmetro. Por isso, sempre que o vir a definir uma função que parece aceitar um array como parâmetro, o compilador finge calmamente que a declarou como aceitando um apontador. A definição de getline acima é compilada exatamente como se tivesse sido escrita

```
int getline(char *line, int max)
{
...
}
```

Vejamos como getline poderia ser escrito se pensássemos no seu primeiro parâmetro (argumento) como um ponteiro:

Mas isto é exatamente o que tínhamos escrito antes (ver capítulo 6, Sec. 6.3), exceto que a declaração do parâmetro line é diferente. Por outras palavras, dentro do corpo da função, não importa se pensámos que line era um array ou um apontador, uma vez que podemos utilizar a notação de subscrição de array tanto com arrays como com apontadores.

Estes jogos que o compilador está a fazer com arrays e apontadores podem parecer desconcertantes no início, e pode parecer ligeiramente milagroso que tudo se resolva quando se declara uma função como getline que parece aceitar um array. A equivalência em C entre arrays e ponteiros pode ser confusa, mas funciona e é uma das caraterísticas centrais do C.

Se os jogos que o compilador faz (fingir que declarou um parâmetro como um ponteiro quando pensava que o tinha declarado como um array) o incomodam, pode fazer duas coisas:

1. Continue a fingir que as funções podem receber matrizes como parâmetros; declare-as e utilize-as dessa forma, mas lembre-se que, ao contrário de outros argumentos, uma função pode modificar a cópia no seu chamador de um argumento que (parece ser) uma matriz.
2. Perceber que as matrizes são sempre passadas para as funções como ponteiros e declarar sempre que as suas funções aceitam ponteiros.

1. Aritmética de ponteiros e endereços

Programa	Escrever um programa para trocar dois números utilizando a chamada por referência

Código	#include <stdio.h>
	int main() {
	void swap(int *a,int *b);
	int num1=5,num2=10;
	printf("troca de número utilizando ponteiros\n");

	printf("num1 antes da troca = %d\n",&num1);
	printf("num2 antes da troca = %d\n",&num2);
	// função de chamada, o endereço é passado
	swap(&num1,&num2);
	printf("num1 após troca = %d\n",num1);
	printf("num2 após troca = %d\n",num2);
	retorno 0;
	}
	// números acordados
	void swap(int *a,int *b) {
	printf(" dentro da função swap \n");
	printf(" valor passado de a = %d\n",a);
	printf(" *a mostrará o valor armazenado na memória de a = %d\n",*a); int
	temp_c;
	temp_c = *a;
	printf("variável temp_c = %d\n",temp_c);
	printf("vaiable temp_c = %d\n",a);
	*a = *b;
	*b = temp_c;
	}

Saída	troca de números utilizando ponteiros num1 antes da troca = 785965536 num2 antes da troca = 785965540 dentro da troca de funções valor passado de a = 785965536 *a mostrará o valor armazenado na memória de a = 5 variável temp_c = 5 vaiable temp_c = 785965536 num1 após a troca = 10 num2 após a troca = 5
Saída	Passo 1>> valor do número 1 copiado para temp_c Passo 2>> número 2 copiado para número 1 Passo 3>> valor temp_c copiado para o número 2
Programa	Programa para adição de dois números utilizando a chamada por valor

Código	#include <stdio.h>
	void add(int a,int b);
	int main(){
	int num1=25,num2=50;
	printf("Número1 = %d\n",num1);
	printf("Número2 = %d\n",num2);
	printf("Função que utiliza a chamada por valor para adicionar números\n");
	adicionar(num1,num2);
	printf("Número1 após adição de 5 = %d\n",num1);
	printf("Número2 após adição de 5 = %d\n",num2); return 0;
	}

	void add(int a,int b) {
	a = a+5;
	b = b+5;
	}

Saída	Número1 = 25 Número2 = 50 Função que utiliza a chamada por valor para adicionar números Número1 após adição de 5 = 25 Número2 após adição de 5 = 50
Análise	Os valores das variáveis são transferidos .

Chamada por valor Explicação:

1. Ao passar a chamada por valor, é criada uma cópia Xerox dos parâmetros originais e passada para a função chamada.
2. Qualquer atualização feita dentro da função não afectará o valor original da variável na função de chamada.
3. O âmbito da variável é limitado, pelo que não pode alterar os valores no interior da função principal.

Exemplo:

Int a = 10;

O endereço de a é xxxxxxxxx e o endereço de memória.

Neste caso, o valor 10 é passado para a função, o valor original permanece lá.

Chamada por referência / endereço Explicação:

1. Na chamada por referência, estamos a passar o endereço real da variável para a função chamada.
2. Qualquer atualização no interior da função modificará a cópia original do, uma vez que estamos a modificar os contactos1 da localização exacta na memória.

Exemplo:

Int a = 10;

O endereço de a é xxxxxxxxx e o endereço de memória.

Neste caso, o endereço xxxxxxx é passado para a função, pelo que o controlo é transferido. Assim, a função pode agora alterar o valor no endereço de memória.

Ponteiros e funções

Recapitulando: Funções: estudámos funções no capítulo ... , uma função é um conjunto de comandos que podem ser utilizados repetidamente.

Declaração do problema: As funções são úteis e reduzem o código repetitivo. Posso utilizar funções em ponteiros? Uma vez que ambos os conceitos são úteis.

Matrizes de ponteiros

No capítulo anterior, Unidade 2, estudámos Array e resolvemos o problema de declarar muitas variáveis.

Descrição do problema: Se eu conseguir armazenar a localização de uma posição de memória, o que acontecerá se eu quiser armazenar 10 posições de memória, terei de declarar 10 variáveis do tipo ponteiro.

Programa	escrever um programa para declarar uma matriz de ponteiros.
Código	#include <stdio.h>

	int main() {
	int *nome,*nome1,*nome2;
	int a,a1,a2;
	nome = &a;
	nome1 = &a1;
	nome2 = &a2;
	printf("O endereço da variável a é: %d\n", nome);
	printf("O endereço da variável a1 é: %d\n", nome1);
	printf("O endereço da variável a2 é: %d\n", nome2); return 0;
	}

Saída	O endereço da variável a é: 1228253068 O endereço da variável a1 é: 1228253072 O endereço da variável a2 é: 1228253076
Saída	Não é necessário

Escreva um programa para declarar uma matriz de ponteiros.

Código
```
#include <stdio.h>
int main() {
int *nome[10];
int a[10];
int p;
for(p=0; p<=10; p++) { name[p]=&a[p];
}
printf("O endereço da variável a é: %d\n", nome[0]);
printf("O endereço da variável a1 é: %d\n", nome[1]);
printf("O endereço da variável a2 é: %d\n", nome[2]);
printf("O endereço da variável a3 é: %d\n", nome[3]);
printf("O endereço da variável a4 é: %d\n", nome[4]);
printf("O endereço da variável a5 é: %d\n", nome[5]);
printf("O endereço da variável a6 é: %d\n", nome[6]);
printf("O endereço da variável a7 é: %d\n", nome[7]);
printf("O endereço da variável a8 é: %d\n", nome[8]);
printf("O endereço da variável a9 é: %d\n", nome[9]); return 0;
```

	}
Saída	O endereço da variável a é: -1133040016 O endereço da variável a1 é: -1133040012 O endereço da variável a2 é: -1133040008 O endereço da variável a3 é: -1133040004 O endereço da variável a4 é: -1133040000 O endereço da variável a5 é: -1133039996 O endereço da variável a6 é: -1133039992 O endereço da variável a7 é: -1133039988 O endereço da variável a8 é: -1133039984 O endereço da variável a9 é: -1133039980
Saída	feito

Programa	escrever um programa para declarar uma matriz de ponteiros

Código	#include <stdio.h> int main() { int *nome[10];
	int a[10];
	int p;
	for(p=0; p<=10; ++p) {
	nome[p] = &a[p];
	}
	for(p=0; p<=10; p++) {
	printf("Nome da variável = a[%d], Endereço = %d\n",p, nome[p]);
	}
	retorno 0;
	}

Saída	Nome da variável = a[0], Endereço = -746182016 Nome da variável = a[1], Endereço = -746182012 Nome da variável = a[2], Endereço = -746182008 Nome da variável = a[3], Endereço = -746182004 Nome da variável = a[4], Endereço = -746182000 Nome da variável = a[5], Endereço = -746181996 Nome da variável = a[6], Endereço = -746181992 Nome da variável = a[7], Endereço = -746181988

Nome da variável = a[8], Endereço = -746181984
Nome da variável = a[9], Endereço = -746181980
Nome da variável = a[10], Endereço = -746181976

Saída	feito

Ponteiro para ponteiro

Declaração do problema: posso utilizar um ponteiro para armazenar o endereço de outro ponteiro?

O que vamos aprender: Sim, uma vez que a variável ponteiro armazena um valor inteiro, então podemos fazê-lo.

Programa	escrever um programa para valorizar uma variável if usando ponteiro para ponteiro

Código	#include <stdio.h>
	int principal()
	{
	int p=15;
	int *A; // ponteiro
	int **B; // ponteiro para ponteiro
	A=&p;
	B=&A;
	printf("\n valus de p = %d\t Endereço de p=%d\n",p,&p);
	printf("\n valus de A = %d\t Endereço de A=%d\n",A,&A);
	printf("\nvalor de *B = %d\t Endereço de B=%d\n",B,&B); return 0;
	}

Saída	valor de p = 15 Endereço de p=-186073180

	Valus de A = -186073180 Endereço de A=-186073176 valus de *B = -186073176 Endereço de B=-186073168
Saída	feito
Programa	escrever um programa para valorizar uma variável if usando ponteiro para ponteiro
Código	#include <stdio.h>

	int principal()
	{
	int p=15;
	int *A;
	int **B;
	A=&p;
	B=&A;
	printf("\ncontrolo completo dos valores de B");
	printf("\nvalor do ponteiro B = %d", B); printf("\nendereço do ponteiro B = %d",&B); printf("\nvalor do ponteiro *B = %d", *B); printf("\nvalor do ponteiro **B = %d",**B); printf("\nvalores do ponteiro *A = %d",*A);
	return 0;
	}

Saída	rastreio completo dos Valores de B valor do ponteiro B = 675473640 Endereço do ponteiro B = 675473648 valor do ponteiro *B = 675473636 valor do ponteiro **B = 15 valores do ponteiro *A = 15
Saída	feito

Ponteiros e cadeias de caracteres

O ponteiro é tão útil que posso utilizá-lo para dados de cadeia.

Programa	escrever um programa para imprimir uma cadeia de texto usando ponteiros

Código	#include <stdio.h>
	int main(){
	char name01[20] = "Hello Programming"; // Declaração de matriz
	char *p1; // declaração de ponteiro
	p1=nome01; // o ponteiro aponta para o primeiro carácter da cadeia
	printf("A cadeia de caracteres é: = ");
	while(*p1 !='\0')
	{
	printf("%c",*p1);
	p1++;
	}

retorno 0;

	}
Saída	String is: = Olá Programação
Saída	feito

Programa	escrever um programa para calcular o comprimento de uma string usando

	ponteiros

Código	#include <stdio.h>
	int main(){
	int contador=0;
	char count[20];
	char *p;
	p = "Aprender a programar em C";
	while(*p !='\0')
	{
	contra++;
	p ;++
	}
	printf("o comprimento da cadeia é :%d\n",contador);
	retorno 0;
	}

Saída	o comprimento da cadeia é :22

****

PARTE III

Capítulo 01: Funções

Há um interesse próprio por detrás de cada amizade. Não existe amizade sem interesse próprio
interesses. Esta é uma verdade amarga..: Chanakya

Objectivos de aprendizagem:

Após a conclusão desta unidade, o aluno será capaz de

- Como escrever funções.
- Como passar parâmetros e utilizar funções
- Utilização de funções in build.
- Utilização de funções na programação.

Declaração do problema: Quero imprimir uma linha de boas-vindas 25 vezes num programa, vou escrever a instrução print 25 vezes.

Programa	Escreve um programa para adicionar dois números várias vezes.

Código	#include <stdio.h>
	int main(){
	int i,j,k,l,m,n;
	i=5,j=6,k=7,l=8,m=9,n=10;
	printf("Adição de dois números = %d\n" , i+j); printf("Adição de dois números = %d\n" , j+k); printf("Adição de dois números = %d\n" , m+n); printf("Adição de dois números = %d\n" , l+m); return 0;
	}

Saída	Adição de dois números = 11 Adição de dois números = 13 Adição de dois números = 19 Adição de dois números = 17
Análise	Não é uma boa programação, escrever várias vezes a mesma fórmula.

Conceito: Se o mesmo trecho de código é necessário muitas vezes no programa, então não é uma boa prática escrevê-lo muitas vezes,
Uma ideia melhor é escrever o código num local comum e utilizá-lo muitas vezes durante a execução do programa.

```
int mainO {
utilização de código comum
Código comum
utilização de código comum
utilização de código comum
utilização de código comum
utilizando o código comum, devolver 0;
}
```

As figuras acima tentam explicar que estamos a escrever código comum num local e depois a utilizá-lo no programa muitas vezes. Na programação comercial, uma única fórmula é utilizada muitas vezes no programa, pelo que é necessário resolver o problema da repetição do código várias vezes. A função fornece as soluções. O programa seguinte explica a utilização da função. Primeiro, é escrito com a programação normal; no programa seguinte, o mesmo programa é escrito com a Função.

Programa	Escreva um programa para imprimir duas linhas utilizando #####

Código	#include <stdio.h>
	void main(){
	int i;
	printf("Funções, funções definidas pelo utilizador \n");
	printf("Primeira utilização do ciclo for para imprimir # \n");
	for(i=1; i<=50; i++){
	printf("#");
	}
	printf("\n ");
	printf("\n Segunda utilização do ciclo for para imprimir # \n");
	for(i=1; i<=50; i++){
	printf("#");
	}
	}

Saída	Funções, funções definidas pelo utilizador Primeira utilização do laço for para imprimir ##
	Segunda utilização do laço for para imprimir # ##
Análise	Muitas vezes, repete-se o mesmo código durante o programa. Não é uma boa programação
Programa	Escrever um programa para explicar a utilização simples de uma função

Código	#include <stdio.h>
	// função definida pelo utilizador drawBlock()
	void drawBlock() {
	int i;
	for(i=1; i<=50; i++){
	printf("#");
	}}
	void main(){
	int i;
	printf("Funções, funções definidas pelo utilizador \n");

	printf("Primeira vez a chamar as funções drawBlock \n");
	drawBlock();
	printf("\n ");
	printf("\n Segunda vez a chamar a função drawBlock() \n"); drawBlock();
	}

Saída	Funções, funções definidas pelo utilizador Primeira vez a chamar funções drawBlock ### Segunda vez a chamar a função drawBlock() ###
Análise	Código escrito uma vez mas utilizado duas vezes. Pode ser chamado muitas vezes durante o programa.

A figura seguinte explica a compreensão básica e a utilização das funções. Trata-se de um código comum colocado num ponto comum do programa. Agora, durante a execução do programa, a execução do programa é transferida para a função e regressa ao ponto imediatamente a seguir ao código da função.

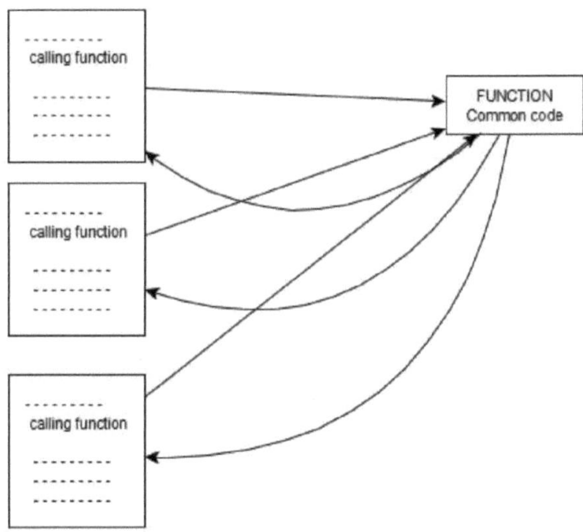

Funções Syntex:

return_type nome_da_função(tipo(1) argumento^),   ,tipo(n) argumento(n))

{

//corpo da função, código em linguagem C

}

Resumo:

- As funções são um pedaço de código que pode ser utilizado várias vezes.
- Os utilizadores podem escrever funções.

- As funções também são fornecidas pelos compiladores.

Funções definidas pelo utilizador:

Declaração do problema: Eu, como programador, vou escrever todas as funções ou usá-las escritas por outra pessoa.

As funções definidas pelo utilizador são escritas pelos programadores. De acordo com os requisitos do código, elas ajudam a reduzir o tamanho do código de programação e tornam o programa mais lógico. Uma vez escrita, uma função pode ser utilizada várias vezes no programa, o que se designa por chamada de função. A execução do programa é transferida da localização atual para essa função e, depois de executada, regressa ao programa de onde foi chamada.

As funções são escritas em alguns dos poucos estilos.

- Função sem parâmetros de entrada.
- Função sem entrada e sem valor de retorno.
- Função com um ou mais parâmetros de entrada.
- Função com um ou mais parâmetros de entrada e devolve um valor.

Alguns exemplos para compreender a função:

Programa	Escrever um programa para explicar a utilização simples de uma função

Código	#include <stdio.h>
	// função definida pelo utilizador drawBlock()
	// utilizar uma função 7 vezes para reduzir o trabalho
	void drawBlock() {
	int i;
	for(i=1; i<=50; i++){
	printf("*");
	}
	}
	void main(){
	int i;
	printf ("Funções, funções definidas pelo utilizador \n");
	printf("Primeira vez a chamar as funções drawBlock \n");
	drawBlock();
	printf("\n Segunda vez a chamar a função drawBlock() \n");
	drawBlock();

	printf("\n Terceira vez a chamar a função drawBlock() \n");
	drawBlock();
	printf("\n Quarta vez a chamar a função drawBlock() \n");
	drawBlock();
	printf("\nQuinto tempo chamando a função drawBlock() \n");
	drawBlock();
	printf("\nSexto tempo a chamar a função drawBlock() \n");
	drawBlock();
	printf("\n Sétima vez a chamar a função drawBlock() \n"); drawBlock();
	}

Saída	Funções, funções definidas pelo utilizador Primeira vez a chamar funções drawBlock

	Segunda vez a chamar a função drawBlock() Terceira vez a chamar a função drawBlock() Quarta vez a chamar a função drawBlock() Quinta vez a chamar a função drawBlock() Sexta vez a chamar a função drawBlock() Sétima vez a chamar a função drawBlock()
Análise	Código escrito uma vez dentro da função e utilizado 7 vezes neste programa.

Uma função pode ser usada muitas vezes no programa, o que reduz o tamanho do código. Na função, o código é escrito para encontrar uma solução e depois chamá-la várias vezes no programa.

Programa	Programa para verificar se um número é primo ou não usando uma função com argumento e valor de retorno

Código	#include <stdio.h>
	// Função com argumento e um valor de retorno
	int check(int n); // Protótipo de função
	int main(){
	int num = 12,num_check=0;
	num_check=check(num); // Função de chamada if(num_check==1)
	printf("%d em não primo",num);
	senão

	printf("%d é primo",num); return 0;
	}
	// Função completa
	int check(int n){
	int i;
	for(i=2;i<=n/2;++i){
	se(n%i==0)
	retorno 1;
	}
	retorno 0;
	}

Saída	12 em não privilegiado
Análise	Um número primo tem apenas dois factores, 1 e o próprio número, logo é um número primo. Os números primos são : 2, 3, 5, 7, 11, 13, 17, 19, 23, 29, 31, 37, 41, 43, 47, 53, 59, 61, 67, 71, 73, 79, 83, 89, 97

O programa seguinte também ilustra a utilização de números primos com dados diferentes.

Programa	Programa para verificar se um número é primo ou não usando uma função com argumento e valor de retorno

Código	#include <stdio.h>
	int check_primeNumber(int num);
	int main(){

	int n1 =1,n2=50,i,flag;
	printf("Os números primos entre %d e %d são: ", n1, n2);
	for(i=n1+1;i<n2;++i)
	{
	flag=check_primeNumber(i);
	se(flag==0)
	printf("%d ",i);
	}
	retorno 0;
	}
	int check_primeNumber(int num)
	{
	int j,flag=0;
	for(j=2;j<=num/2;++j) {
	se(num%j==0){
	flag=1;
	pausa;
	}

	} sinal de retorno; }
Saída	Os números primos entre 1 e 50 são: 2 3 5 7 11 13 17 19 23 29 31 37 41 43 47
Análise	A função é escrita, chamada e a função devolve um valor.

O armstrong é outro conceito matemático e pode ser aplicado no programa através de uma função.

Programa	Programa para verificar se um número é um número Armstrong ou não.

Código	#include <stdio.h>
	int armstrong(int n); // Protótipo de função
	int principal()
	{
	char c;
	int n = 10 ,temp=0;
	temp=armstrong(n);
	se(temp==1)
	printf("\n%d é um número Armstrong.", n);
	senão
	printf("\n%d não é um número Armstrong.",n); return 0;
	}
	// Função em pormenor
	int armstrong(int n)
	{
	int num=0, temp, flag=0;
	temp=n;

	enquanto(n!=0)
	{
	num+=(n% 10)*(n% 10)*(n%10);
	n/=10;
	}
	se (num==temp)
	flag=1;
	sinal de retorno;
	}

Saída	Caso 1: 10 não é um número de Armstrong. Caso 2: 153 é um número de Armstrong.
Análise	Um número Armstrong é um tipo especial de número em matemática. número que é igual à soma dos seus dígitos, cada um elevado a uma potência. Por exemplo, se tiveres um número como 153, é um número Armstrong porque 1^3+ 5^3+ 3^3 é igual a 153.

Resumo:

- As funções são escritas para reduzir o código.
- As funções são escritas para utilizar códigos repetidos.
- As funções são escritas pelos programadores no código.
- As funções também são disponibilizadas pelos compiladores, conhecidas como funções incorporadas.

Recursão:

Descrição do problema: Na programação em C, é possível chamar as funções na programação, mas uma função pode chamar-se a si própria e utilizá-la na programação. Numa situação especial, quando uma função se chama a si própria, dá-se o nome de recursão. É utilizada para resolver alguns cálculos matemáticos.

Programa	Escreva uma função que explique a recursão.

Código	#include <stdio.h>
	int sum(int n); // Protótipo de função
	int main(){
	int num = 5,add;
	add=sum(num);
	printf("sum=%d",add);
	}
	// Definição de funções
	int soma(int n){
	se(n==0)
	retornar n;
	senão
	return n+sum(n-1); /*auto-chamada à função sum() */ }

Saída	soma=15
Análise	Numa situação especial, quando a função se chama a si própria, é conhecida como recursão.
Saída	soma=15

No caso acima, primeiro declara-se o protótipo da função e depois escreve-se uma função completa. No programa principal, a função é chamada.

Programa	Escreva uma função que explique a recursão.

Código	#include <stdio.h>
	int fatorial(int n); // Protótipo de função
	int main(){
	int num = 6, ans=0;
	ans=fatorial(num);
	printf("fatorial de %d é = %d",num , ans);
	}
	int fatorial(int n){
	se(n==1)
	retornar n;
	senão
	// printf("fatorial de %d é\n",n);
	return n*fatorial(n-1); /*auto-chamada à função fatorial() */ }

Saída	o fatorial de 6 é = 720
Análise	Utilização da recursão para o cálculo.

Resumo:

- As funções são escritas para reduzir o código.
- As funções podem chamar-se a si próprias.
- O termo recursão é utilizado quando a função se chama a si própria.
- A recursão pode ser utilizada para resolver problemas relacionados com a matemática.

Descrição do problema: quais são os tipos de funções disponíveis em C, como utilizá-las no código.

Algumas das funções mais utilizadas do compilador c são as seguintes

main(): A execução de todos os programas C começa a partir desta função main(). printf(): prinf() é utilizada para mostrar o output em C.

scanf() : scanf() é utilizado para obter dados de entrada em C.

Como funciona a função definida pelo utilizador na programação em C?

```
#include <stdio.h>
void nome_da_função(){
}
int main(){
Chamar a função pelo nome;
#include <stdio.h> protótipo da função
int main() {
função de chamada
retorno 0;
}
declaração de função
```

Vantagens das funções

1. Evitar a repetição de código no programa principal.
2. Separação do código e divisão do mesmo em pequenos pedaços de código.
3. Tornar a programação simples e compreensível .
4. Divisão do trabalho na grande equipa de programadores.

Para escrever as funções de forma fácil e eficiente, pode seguir estes passos.

1. Declaração de função:

Considerar função como o trabalho que vai ser repetido muitas vezes no programa. Ou, no mínimo, mais de uma vez. Ou pode ser entendida como um pequeno pedaço de código escrito separadamente para um objetivo específico. Todas as funções devem ser declaradas no início do programa. Declarar significa nome da função, tipo de retorno e argumentos a serem passados.

Exemplo:

```
void multiply();
int multiplicar( int x);
int multiplicar( int x , int y);
juro nulo();
void interest( int p, int rateOfinterest, int months); int interest(( int p, int rateOfinterest, int months);
```

2. Chamada de função:

As funções são escritas para um trabalho específico no programa. Para as utilizar no local apropriado do código, são utilizadas escrevendo o nome da função, o que é conhecido como chamada de função.

Um programa pode chamar uma função várias vezes. Esta é a razão básica pela qual torna a programação mais curta e mais lógica.

O fluxo de execução do código é transferido para a função quando esta é chamada e, após o fim da execução da função, o fluxo do programa regressa ao ponto imediatamente a seguir à chamada da função e o restante programa continua a ser executado.

3. Definição da função:

A definição de função é o código completo, e diz-nos qual o trabalho a ser feito por esta parte do código, o trabalho pode ser adição, multiplicação, impressão de uma declaração, cálculo de juros simples, cálculo de juros compostos e cálculo comercial de formigas, cálculo científico.

Exemplo:

```
Return_datatype functionName (parâmetros de entrada ) {
// código em c para efetuar o trabalho
Retorno x;
}
```

Exemplo:

```
void Juros Simples {
// fórmula para o cálculo de juros
}
```

void significa, no exemplo acima, que esta função não devolverá qualquer valor ao programa principal. Void significa tipo de retorno nulo, esta função fará o trabalho e retornará ao programa principal.

Exemplo:
int Juros simples (int p, int r, int t){
// fórmula para o cálculo de juros
// p,r,t são três parâmetros de entrada return x;
}

1. int indica que um valor numérico será dado ou fornecido por esta função cujo tipo de dados é int e que terá de o imprimir no ecrã, ou terá de o armazenar numa variável de tipo de dados int.
2. O nome da função é Juros Simples.
3. Esta função aceita três parâmetros de entrada, p,r,t, de tipo de dados int ou valores numéricos. Estes valores alteram-se em cada cálculo, pelo que são dinâmicos.
4. Após o cálculo, este código devolve ou devolve um único valor int ao programa principal.

4. Declaração de devolução.

A função tem duas possibilidades nas suas operações. nas suas operações.

1. Faz o seu trabalho e não fornece nada de volta ao programa principal.
2. depois de efetuar os cálculos, fornece um valor/número ao sistema principal.

O tipo de dados do valor da instrução de retorno deve corresponder ao tipo de retorno definido no protótipo.

Exemplo:
devolver x;
retorno (c +d);
retorno 0;

<table>
<tr><td>Programa</td><td>Programa para compreender a função</td></tr>
<tr><td>Código</td><td>#include <stdio.h>
int multiply(int a, int b); //função protótipo(declaração)
int main(){
sum= multiplicar (num1,num2); chamada de função
retorno 0;
}
int multiplicar (int a,int b) //declarador de função
{
}</td></tr>
<tr><td>Saída</td><td>Não é necessário</td></tr>
</table>

função principal

A função na programação é um segmento que agrupa uma série de instruções de programa para realizar uma tarefa específica. Um programa C tem pelo menos uma função principal( ). Sem a função main(), não existe tecnicamente um programa em C.

Vantagens das funções definidas pelo utilizador

1. As funções definidas pelo utilizador ajudam a decompor um grande programa em pequenos segmentos, o que facilita a compreensão, a manutenção e a depuração da programação.
2. Se ocorrerem códigos repetidos num programa. A função pode ser utilizada para incluir esses códigos e executá-los quando necessário, chamando essa função.
3. Os programadores que trabalham em grandes projectos podem dividir o volume de

trabalho criando diferentes funções.

Resumo:

- Principal é o ponto de partida e deve estar em cada programa.
- As funções devem ser escritas em cada programa.
- A função pode devolver um valor ou pode não devolver um valor.
- Após a execução da função, o fluxo do programa continuará para a próxima linha de código.

Problema: qual é a utilidade das funções e aplicações na programação.

Utilização típica das funções

1. Passagem por valor (passagem do valor real como argumento)
2. Passagem por referência (passagem do endereço de um argumento)
3. Passagem de estruturas como parâmetros de entrada.
4. Funções e ponteiros

Passagem por referência: Quando um método é chamado, os argumentos do método referenciam a mesma variável na memória que o chamador.

Passagem de valor: Quando um método é chamado, o chamador passa uma cópia das variáveis de argumento para o método, resultando em dois valores na memória.

Utilização da referência

Chamar por referência ou passar por referência.

Programa	Escrever uma função para compreender a chamada por referência ou a passagem por referência

Código	#include <stdio.h>
	int multiplication(int *a, int *b); // Função com ponteiros
	int main(){
	int ans=0;
	int c = 8;
	int d = 9;
	ans=multiplicação(&c,&d); // o endereço é passado para a função
	printf("Multiplicação é = %d\n",ans);
	c = 3;
	d = 4;
	ans=multiplicação(&c,&d); // o endereço é passado para a função
	printf("Multiplicação é = %d\n",ans);
	}
	int multiplicação(int *a, int *b) { // declaração de função
	int c=0;
	int temp01 = *a;
	int temp02 = *b;
	printf("Valor de a = %d\n",temp01);
	printf("Valor de b = %d\n",temp02);
	c= temp01*temp02;
	retornar c;
	}

Saída	Valor de a = 8 Valor de b = 9

	A multiplicação é = 72 Valor de a = 3 Valor de b = 4 A multiplicação é = 12
Análise	O endereço da variável c e da variável d é passado para a função. Esta é uma chamada por referência.

Programa	Escrever uma função para compreender a chamada por referência ou a passagem por referência

	#include <stdio.h>
	int multiplication(int *a, int *b); // Função com ponteiros
	int main(){
	int ans=0;
	int c = 8;
	int d = 9;
	ans=multiplicação(&c,&d); // o endereço é passado para a função
	printf("Multiplicação é = %d\n",ans);
	c = 3;
	d = 4;
	ans=multiplicação(&c,&d); // o endereço é passado para a função
	printf("Multiplicação é = %d\n",ans);
	c = 2;
	d = 3;
	ans=multiplicação(&c,&d); // o endereço é passado para a função
	printf("Multiplicação é = %d\n",ans);
	}
	int multiplicação(int *a, int *b) { // declaração de função
	int c = 0;
	int temp01 = *a;
	int temp02 = *b;
	printf("Valor da variável c = %d\n",temp01);
	printf("Valor da variável c = %d\n",temp02);
	c= temp01*temp02;
	retornar c;
	}

Saída	Valor da variável c = 8 Valor da variável c = 9 A multiplicação é = 72 Valor da variável c = 3 Valor da variável c = 4 A multiplicação é = 12 Valor da variável c = 2 Valor da variável c = 3 A multiplicação é = 6
Análise	O endereço da variável c e da variável d é passado para a função. Esta é uma chamada por referência.
Programa	Escrever uma função para compreender a chamada por valor ou a passagem por valor
	// passagem de valor

	#include <stdio.h>
	void multiplication(int c, int d); // Função com valores
	int main() {
	int c = 8;
	int d = 9;
	printf("Valor de c = %d e d =%d \n",c,d);
	printf("Cópia da variável c,d é passada para a função \n");
	multiplicação(c,d); // função de chamada
	printf("Depois da multiplicação é = \n");
	printf("Valor de c = %d e d =%d \n",c,d);
	printf("O valor original da variável c,d não foi alterado\n");
	printf(" *************************\n");
	c = 3;
	d = 4;
	printf("Valor de c = %d e d =%d \n",c,d);
	printf("Cópia da variável c,d é passada para a função \n");
	multiplicação(c,d); // função de chamada
	printf("Depois da multiplicação é = \n");
	printf("Valor de c = %d e d =%d \n",c,d); printf("O valor original da variável c,d não foi alterado\n");
	printf(" *************************\n");
	}
	void multiplicação(int c, int d) { // declaração de função
	int f = 0;
	printf("Incrementar o operador para alterar o valor de c,d \n");

	c++; d++;
	printf("no interior da função o valor da variável c = %d\n",c);
	printf("no interior da função, o valor da variável d = %d\n",d); f= c*d;
	printf("A multiplicação é = %d\n",f);
	}

Saída	Valor de c = 8 e d =9 A cópia da variável c,d é passada para a função Incrementar o operador para alterar o valor de c,d dentro da função Valor da variável c = 9 dentro da função Valor da variável d = 10 A multiplicação é = 90 Após a multiplicação é = Valor de c = 8 e d =9 Valor original da variável c,d não alterado Valor de c = 3 e d =4 A cópia da variável c,d é passada para a função Incremento do operador para alterar o valor de c,d dentro da função valor da variável c = 4 dentro da função valor da variável d = 5 A multiplicação é = 20 Após a multiplicação é = Valor de c = 3 e d =4 Valor original da variável c,d não alterado
Análise	O valor original mantém-se inalterado, ao mesmo tempo que se transfere **uma cópia do valor.**

Compreensão da passagem por valor com outro exemplo, explica o âmbito da variável e o seu respetivo endereço de memória.

Programa	Escrever uma função para compreender a chamada por valor ou a passagem por valor

	#include <stdio.h>
	void multiplication(int c, int d); // Função com valores int main() {
	int c = 8;
	int d = 9;

	printf("Valor de c = %d e d =%d \n",c,d);
	printf("O âmbito da variável é com no programa\n");
	printf("Endereço da variável c = %ul e d =%ul \n",&c,&d);
	printf(" ################ \n");
	multiplicação(c,d); // função de chamada
	}
	void multiplicação(int c, int d) { // declaração de função
	int f = 0;
	printf("Dentro da função \n");
	printf("Valor de c = %d e d =%d \n",c,d);
	printf("Valor de c = %ul e d =%ul \n",&c,&d);
	printf("O âmbito da variável está dentro da função\n");
	}

Saída	Valor de c = 8 e d =9 O âmbito da variável está dentro do programa Endereço da variável c = 3633285008l e d =3633285012l ################ Dentro da função Valor de c = 8 e d =9 Valor de c = 3633284988l e d =3633284984l O âmbito da variável é dentro da função.
Análise	Os exemplos acima explicam o âmbito da variável e consideram-na como outra variável na função com o mesmo nome. O endereço de memória é diferente para as variáveis c e d no programa principal e na função.

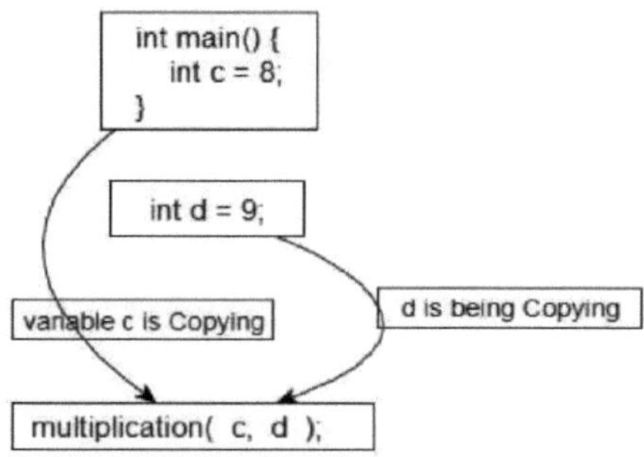

Passar por referência

O endereço de memória da variável é passado como parâmetro, agora, na função, a localização original da variável é acedida, por isso, quaisquer alterações feitas dentro da função, alterará o valor na variável original. Dois exemplos são escritos para explicar este conceito.

Compreender agora o exemplo acima utilizando a passagem por referência.

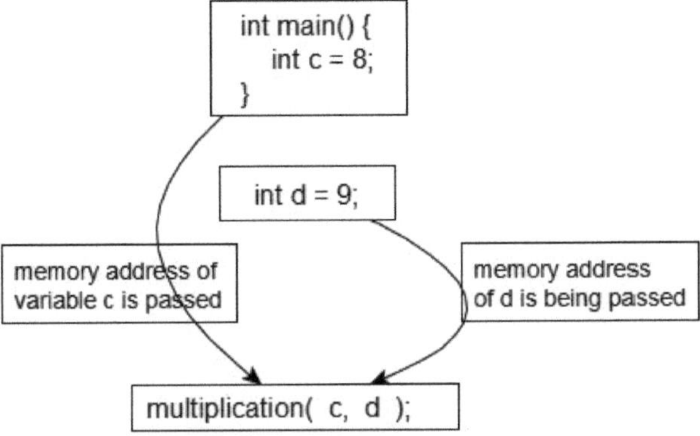

Programa	Escreva uma função para compreender a chamada por referência ou a passagem por referência, passando o endereço das variáveis.

	// passagem do endereço de memória
	#include <stdio.h>
	void multiplication(int *c, int *d); // utilização de ponteiro
	int main() {
	int c = 7;
	int d = 9;
	printf("Valor de c = %d e d = %d \n", c,d);
	printf("valor do endereço de memória de c = %d e d =%d \n", &c, &d);
	printf("endereço de memória da variável c,d é passado para a função \n");
	multiplicação(&c,&d); // chamando a função , passando o endereço
	printf("Após o incremento \n");

```
printf("Valor original de c = %d e d =%d \n", c, d); printf("Valor original da variável c,d alterado\n");
printf(" *************************\n");
c = 2;
d = 4;
printf("Valor de c = %d e d = %d \n", c,d);
printf("o valor do endereço de memória de c = %d e d =%d \n", &c, &d); printf("o endereço de memória da variável c,d é passado para a função \n"); multiplicação(&c,&d);
// chamar a função, passar o endereço printf("Depois do incremento \n");
printf("Valor original de c = %d e d =%d \n", c, d); printf("Valor original da variável c,d alterado\n");
}
void multiplicação(int *c, int *d) {   // declaração de função
int f = 0;
```

printf("Dentro da Função\n");
int temp01 = ++*c;
int temp02 = ++*d;
printf("dentro da função valor da variável c = %d\n",temp01);
printf("dentro da função valor da variável d = %d\n",temp02);
}
Saída Valor de c = 7 e d = 9
valor do endereço de memória de c = -804536448 e d =-804536444
o endereço de memória da variável c,d é passado para a função.
Função interna
no interior da função valor da variável c = 8
no interior da função valor da variável d = 10
Após o incremento
Valor original de c = 8 e d =10
O valor original da variável c,d foi alterado.
Valor de c = 2 e d = 4
valor do endereço de memória de c = -804536448 e d =-804536444
o endereço de memória da variável c,d é passado para a função.
Função interna
dentro da função valor da variável c = 3
no interior da função valor da variável d = 5
Após o incremento

	Valor original de c = 3 e d =5 Valor original da variável c,d alterado.
Análise	**O endereço de memória é passado para a função,**

Resumo:

- A função pode ser utilizada para transferir um valor, que é prioritário e habitualmente utilizado.
- A função pode ser utilizada para passar um valor através de uma referência.

Estrutura e função

Descrição do problema: as funções podem ser utilizadas com estrutura ou quaisquer outras caraterísticas.

A estrutura é a unidade combinada de duas ou três variáveis de diferentes tipos de dados. O capítulo anterior descreve a estrutura e a forma de escrever código utilizando a estrutura. Uma única variável pode armazenar um único dado, mas na estrutura é possível armazenar mais do que um valor com diferentes tipos de dados. Na função, é possível passar os parâmetros como função. Os exemplos simples que se seguem demonstram a utilização de uma estrutura numa função.

Programa	Escreva uma função para passar parâmetros utilizando uma estrutura.

	#include <stdio.h>
	struct student{ // Declaração de estrutura
	char name[50];
	rolo de int;
	marcas de flutuação;
	};

	void display(struct student s1);
	// declaração de função com estrutura como entrada
	int main(){
	struct estudante s; //
	struct estudante stl ={"Diksha",1000,15};
	struct estudante st2 ={"Dhruvika",1001,19};
	display(stl); //chamar a função com a estrutura como entrada display(st2);
	retorno 0;
	}
	// função em pormenor com a estrutura como entrada
	void display(struct student st5) {

	printf("A informação dos alunos é a seguinte:\n"); printf("Nome\tNúmero de matrícula:\tMarcas\n");
	printf("%s\t",st5.name);
	printf("%d\t",st5.roll);
	printf("%0.2f\n\n",st5.marks);
	}

Saída	As informações sobre os estudantes são as seguintes: Nome Número de registo: Marcas Diksha 1000 15.00 As informações sobre os estudantes são as seguintes: Nome Número de registo: Marcas Dhruvika 1001 19.00
Análise	A estrutura é passada como parâmetro de entrada.
Programa	Escrever uma função para passar parâmetros utilizando a estrutura e a utilização do tipo def

	#include <stdio.h>
	struct estudante{
	char name[50];
	rolo de int;
	marcas de flutuação;
	};
	void display(struct student s5); // protótipo da função int main() {
	typedef struct inscrição de estudantes;
	registar stl ={"Diksha",1000,15};
	registar st2 ={"Dhruvika",1001,19};
	exibir(stl);
	exibir(st2);
	retorno 0;
	}
	void display(struct student st5){
	printf("As informações dos alunos são as seguintes:\n");
	printf("Nome\tRoll Number:\tMarks\n");
	printf("%s\t",st5.name);
	printf("%d\t",st5.roll);

	printf("%0.2f\n\n",st5.marks); }
Saída	Utilização do tipo def ou renomeação da estrutura como novo tipo de dados.

Resumo:

- A função pode ser utilizada com a estrutura.

Matrizes e funções

Resolução do problema: As funções podem ser utilizadas com matrizes.

As variáveis podem armazenar um único valor, se precisarmos de passar dois ou três valores, teremos de passar o mesmo número de variáveis. Esta não é uma boa ideia. Se o número de variáveis for, digamos, 8 do mesmo tipo de dados, então declarar 8 variáveis e passá-las como parâmetro não é uma boa ideia. A melhor forma de o fazer é armazená-las numa matriz e passar a matriz como parâmetro de entrada para a função.

Os exemplos seguintes ilustram a utilização de um parâmetro de matriz para a função.

Programa	Escreva um programa para passar matrizes como parâmetros na função.

	// matriz e função
	#include <stdio.h>
	float sum(float stu[]);
	int main() {
	// declaração de matriz
	float stu[] = {15, 17, 71,6, 22,3, 60,3, 22,14, 33};
	// variáveis de flutuação
	média flutuante , sumofno;
	// a matriz stu é passada para a função sum()
	printf("chamando a função soma com a entrada stu como parâmetro\n");
	sumofno = sum(stu);
	printf("Resultado = %.2f\n", sumofno);
	retorno 0;
	}
	float sum(float stu[]) {
	printf("soma da função interna \n");
	soma flutuante = 0,0;
	// para o ciclo
	for (int i = 0; i < 8; ++i) {
	soma += stu[i];
	}

	// valor de retorno return sum; }
Saída	chamar a função sum com input stu como parâmetro dentro da função sum Resultado = 255,20
Análise	As matrizes são passadas como parâmetro.

Resumo:

- As matrizes podem ser utilizadas com funções.
- As matrizes podem ser passadas em funções.
- Uma função pode devolver uma matriz.

Exercício de laboratório:

Escreva um programa utilizando funções para

- Imprimir números pares e ímpares num determinado intervalo.
- Encontrar a potência de um número
- Devolver o máximo de dois números dados
- Imprimir todos os números fortes entre um determinado intervalo utilizando funções.
- Verificar se um número é primo, armstrong ou perfeito utilizando funções.
- Demonstrar os mecanismos de chamada por valor e chamada por referência.
- Encontrar a potência de qualquer número utilizando a recursão.
- Gerar séries de Fibonacci utilizando recursão.
- Determinar o produto de dois números utilizando a recursão
- Encontrar a soma dos dígitos de um número. O número deve ser passado para uma função utilizando ponteiros.
- Encontrar o GCD (HCF) de dois números utilizando a recursão.
- Encontrar o MMC de dois números utilizando a recursão.

+++

Capítulo 02: Estrutura e União

Objectivos de aprendizagem:

Após a conclusão desta unidade, o aluno será capaz de

- Como utilizar vários tipos de dados.
- Como criar um novo tipo de dados.
- Utilização da estrutura no programa.
- Eficiência da estrutura como União.
- Utilização da União.

Introdução: Um único tipo de dados não é suficiente para resolver o problema prático e real da programação. O objetivo da programação é resolver os problemas industriais e científicos reais. A estrutura permite criar novos tipos de dados.

Descrição do problema: Pretendo armazenar o nome, o telemóvel e a idade em conjunto para que os dados permaneçam como uma única unidade. Armazená-los em três variáveis diferentes é uma tarefa típica. Existe alguma forma de armazenar vários dados numa única unidade?

Estrutura :

A estrutura é a coleção de variáveis de diferentes tipos sob um único nome para um melhor manuseamento. Por exemplo: Pretende-se armazenar as informações sobre o nome, o número de cidadão e o salário de uma pessoa. Pode criar estas informações separadamente, mas a melhor abordagem será a recolha destas informações sob um único nome, porque todas estas informações estão relacionadas com a pessoa.

Estrutura

A palavra-chave struct é utilizada para criar uma estrutura.

Sintaxe da estrutura

```
nome da estrutura
{
tipo de dados membro1.
tipo de dados membro2. . .
tipo de dados memeber;
};
```

Podemos criar a estrutura para uma pessoa, como mencionado acima, da seguinte forma

```
struct estudante{
char name[50];
rolo de int;
marcas de flutuação;
};
```

A declaração acima cria o tipo de dados derivado **struct person**.

Declaração de variável de estrutura.

Quando uma estrutura é definida, cria um tipo definido pelo utilizador, mas não é atribuído qualquer armazenamento. Para a estrutura de pessoa acima, a variável pode ser declarada como:

```
struct estudante{
char name[50];
rolo de int;
```

marcas de flutuação;
};
Outra forma de criar uma variável de estrutura é:
struct estudante{
char name[50];
rolo de int;
marcas de flutuação;
}; st1,st2;

Aceder a membros de uma estrutura

Existem dois tipos de operadores utilizados para aceder aos membros de uma estrutura.

- Membro operador(.)
- Operador de ponteiro de estrutura(->)

Resumo:

- As estruturas são utilizadas para combinar mais do que um tipo de dados.
- Um único tipo de dados não pode resolver todos os problemas de programação.
- A estrutura é uma combinação de tipos de dados.

Declaração do problema: Quero guardar o nome, a idade, a morada, o telemóvel e o e-mail dos meus 100 amigos num programa em C. Existe alguma forma simples de declarar variáveis?

A estrutura é a coleção de variáveis de diferentes tipos sob um único nome para um melhor manuseamento. Por exemplo: Pretende-se armazenar as informações sobre o nome, o número de cidadão e o salário de uma pessoa. Pode criar estas informações separadamente, mas a melhor abordagem será a recolha destas informações sob um único nome, porque todas estas informações estão relacionadas com a pessoa.

Exemplos:

Programa	escrever um programa para compreender o tamanho da estrutura

Código	#include <stdio.h>
	struct estudante{
	char name[50];
	rolo de int;
	marcas de flutuação;
	};
	int main(){
	alunos estruturados;
	printf("O tamanho dos elementos da estrutura é:\n");
	printf("Tamanho do nome:");
	printf("%d\n",sizeof(s.name));
	printf("Tamanho do número de registo da unidade:");
	printf("%d\n",sizeof(s.roll));
	printf("Tamanho das marcas :");
	printf("%d\n",sizeof(s.marks));
	printf("Tamanho total da estrutura:");
	printf("%d\n",sizeof(s));
	retorno 0;
	}

Saída	As dimensões dos elementos da estrutura são: Tamanho do nome:50 Tamanho da Uni. Número de rolos:4 Tamanho das marcas :4 Dimensão total da estrutura:60

O programa acima explica a declaração da estrutura e a utilização da estrutura. O próximo programa também explicará o uso da estrutura.

Programa	escrever um programa para declarar uma estrutura #include <stdio.h> struct estudante{ char name[50]; rolo de int; marcas de flutuação;

	};
	int main(){
	struct student s = { "Ramesh " , 10,27 };
	printf("Agora s será capaz de armazenar três valores\n"); printf("\nDisplaying Information\n");
	printf("Nome: %s\n",s.nome);
	printf("Número de registo da Uni.: %d\n",s.registo);
	printf("Marcas: %.2fn",s.marcas);
	retorno 0;
	}

Saída	Agora, s poderá armazenar três valores Nome da informação de visualização: Ramesh Uni. Número de registo: 10 Marcas: 27.00
Saída	Uma única unidade s é capaz de armazenar três valores de três tipos de dados diferentes.

O programa acima explica a declaração da estrutura e a utilização da estrutura. O próximo programa também explicará o uso da estrutura.

Programa	escrever um programa para criar uma estrutura e armazenar dois dados diferentes.

Código	#include <stdio.h>
	struct estudante{
	char name[50];
	rolo de int;
	marcas de flutuação;
	};
	int main(){
	estrutura de estudante s;
	struct estudante st1 ={"Diksha",1000,15};
	struct estudante st2 ={"Dhruvika",1001,19};

	printf("As informações dos alunos são as seguintes:\n");
	printf("Nome\tRoll Number:\tMarks\n");
	printf("%s\t",st1.name);
	printf("%d\t",st1.roll);
	printf("%f\n",st1.marks);
	printf("%s\t",st2.name);
	printf("%d\t",st2.roll);

	printf(" %f\n", st2 .marks);
	retorno 0;
	}

Saída	As informações sobre os estudantes são as seguintes: Nome Número de registo: Marcas Diksha 1000 15,000000 Dhruvika 1001 19.000000
Saída	Nestes dois conjuntos de informações, a estrutura é armazenada.

Os programas acima explicam a declaração da estrutura e a utilização da estrutura. O próximo programa também explicará o uso da estrutura.

Programa	escrever um programa para declarar uma estrutura e duas estruturas e comparar as notas de dois alunos

Código	#include <stdio.h>
	struct estudante{
	char name[50];
	rolo de int;
	marcas de flutuação;
	};
	int main(){
	estrutura de estudante s;
	struct estudante st1 ={"Priya",1000,15};
	struct estudante st2 ={"Dhruvika",1001,19};
	printf("As informações dos alunos são as seguintes:\n");
	printf("Nome\tRoll Number:\tMarks\n");
	printf("%s\t",st1.name);
	printf("%d\t",st1.roll);
	printf("%f\n",st1.marks);
	printf("%s\t",st2.name);
	printf("%d\t",st2.roll);
	printf("%f\n",st2.marks);
	se(st1.marks > st2.marks)
	printf("%s obteve notas mais altas\n",st1.name);
	senão
	printf("%s obteve notas mais altas\n",st2.name);
	retorno 0;

	}
Saída	As informações sobre os estudantes são as seguintes:

	Nome Número de registo: Marcas Priya 1000 15,000000 Dhruvika 1001 19.000000 Dhruvika obteve notas mais altas
Saída	Na estrutura, o acesso individual aos dados é efectuado utilizando o operador de ponto e os dados individuais podem ser comparados.

Os programas acima explicam a declaração da estrutura e a utilização da estrutura. O próximo programa também explicará o uso da estrutura.

Programa	escrever um programa para criar uma matriz de estrutura.

Código	// Matriz de estrutura
	#include <stdio.h>
	struct estudante{
	char name[50];
	rolo de int;
	marcas de flutuação;
	};
	int main() {
	struct student s[10];
	printf("Tamanho de uma única unidade na estrutura = %d\n",sizeof(s[0]));
	printf("Tamanho total da estrutura = %d\n",sizeof(s));
	retorno 0;
	}

Saída	Dimensão da unidade individual na estrutura = 60 Dimensão total da estrutura = 600
Saída	Trata-se de uma matriz de estrutura como a da figura seguinte

Os programas acima explicam a declaração da estrutura e a utilização da estrutura. O próximo programa também explicará o uso da estrutura.

Programa	escrever um programa copiar dados de uma estrutura para outra estrutura

Código	// copiar dados de uma estrutura para outra
	#include <stdio.h>
	struct estudante{

	char name[50];
	rolo de int;
	marcas de flutuação;
	};
	int main(){
	struct estudante st01 ={"Priya",1000,15};
	struct estudante st02;
	// atribuição de uma estrutura a outra st02 = st01;
	printf("Apresentação de informações da estrutura st02: \n");
	printf("Número do rolo %d\n",st02.roll);
	printf("Nome: %s\n",st02.name);
	printf("Marcas:%f\n",st02.marcas);

	printf("\n");
	retorno 0;
	}

Saída	Apresentação das informações da estrutura st02: Rolo número 1000 Nome: Priya Marcas:15.000000
Saída	Se ambas as estruturas forem da mesma natureza, podemos copiar dados de uma estrutura para outra.

Os programas acima explicam a declaração da estrutura e a utilização da estrutura. O próximo programa também explicará o uso da estrutura.

Resumo:

- A estrutura é a combinação de dois ou mais tipos de dados.
- Esta é uma unidade com muitas variáveis.
- É uma variável única que pode armazenar muitos tipos de dados existentes.

Estrutura e função

Programa	escrever um programa e o valor de retorno da função como estrutura de dados.
Código	#include <stdio.h>

	struct estudante{
	char name[50];
	rolo de int;
	marcas de flutuação;
	};
	int main(){
	struct estudante st01;
	struct student stdetails(void);
	st01 = stdetails();
	printf("Impressão dos valores recebidos da função\n");
	printf("O nome do aluno é %s:\n",st01.name);
	printf("O número de registo do aluno é %d:\n",st01.registo);
	printf("As notas do aluno são %f:\n",st01.marks);
	printf("Após o fim da função\n");
	retorno 0;
	}
	// descrição da função
	struct student stdetails(void) {
	printf("No interior da função stdetails\n");
	struct student st = {"Priya",1000,15};
	retornar st;
	}

Saída	Dentro da função stdetails Imprimir valores recebidos da função O nome da aluna é Priya:

	O número de registo do aluno é 1000: As notas dos alunos são 15,000000: Após o fim da função
Saída	A função está a devolver uma estrutura como tipo de retorno.

Os programas acima explicam a declaração da estrutura e a utilização da estrutura. O próximo programa também explicará o uso da estrutura.

Programa	escrever um programa para passar a estrutura como valores na função.

Código	#include <stdio.h> struct student{
	char name[50]; int roll;
	marcas de flutuação;
	};
	int main(){
	struct estudante st05 = {"Priya",1000,15};
	struct student stdetails(struct student); struct student st01 = stdetails(st05);
	printf("Impressão dos valores recebidos da função n");
	printf("O nome do aluno é %s:\n",st01.name);
	printf("O número de registo do aluno é %d:\n",st01.registo); printf("As notas do aluno são %f:\n",st01.notas);
	printf("Após o fim da função\n"); return 0;
	}
	// descrição da função
	struct student stdetails(struct student st) { printf("Dentro da função stdetails\n"); printf("Nome do aluno = %s\n", st.name); printf("Rolo do aluno = %d\n", st.roll); printf("Notas do aluno = %f\n", st.marks); struct student st02 = st;
	return st02;
	}

Saída	Dentro da função stdetails Nome do aluno = Priya Rolo de alunos = 1000 Notas dos alunos = 15,000000 Imprimir valores recebidos da função O nome da aluna é Priya: O número de registo do aluno é 1000: As notas dos alunos são 15,000000: Após o fim da função
Saída	Estrutura passada como valor na função.

Os programas acima explicam a declaração da estrutura e a utilização da estrutura. O próximo programa também explicará o uso da estrutura.

Resumo:

- A estrutura é a combinação de dois ou mais tipos de dados.
- A estrutura também pode ser utilizada com a função.
- A estrutura com funções pode ser utilizada no programa.

Estrutura e ponteiros

Declaração do problema: Quero usar ponteiro com Estrutura no programa.

Programa	Utilização de ponteiro com estrutura.

Código	#include <stdio.h>
	struct estudante{
	char name[50];
	rolo de int;
	marcas de flutuação;
	};
	int main(){
	struct student st01 ={"Praveen",200,51.5};
	struct student *p; // declaração de ponteiro p = &st01;
	printf("Dados do aluno sem ponteiro\n");
	printf("O nome do aluno é %s:\n",st01.name);
	printf("O número de registo do aluno é %d:\n",st01.registo);
	printf("As notas do aluno são %f:\n",st01.marks);
	printf("\nDetalhes do aluno que utiliza o ponteiro \n");
	printf("O nome do aluno é: %s\n",p->nome);
	printf("O número de registo do aluno é: %d\n",p->recurso);
	printf("As notas do aluno são: %f\n",p->notas);
	retorno 0;
	}

Saída	Dados do estudante sem ponteiro O nome do aluno é Praveen: O número de registo do aluno é 200: As notas dos alunos são 51.500000: Dados do aluno que utiliza o ponteiro
	O nome do aluno é: Praveen O número de registo do aluno é: 200 As notas dos alunos são: 51.500000

Os programas acima explicam a declaração da estrutura e o uso de ponteiros. O próximo programa também explicará o uso de ponteiros dentro da estrutura.

Programa	Utilizar ponteiros na estrutura para calcular a média dos números.

Código	#include <stdio.h>
	struct estudante{
	char name[50];
	rolo de int;
	marcas de flutuação;
	};
	int main(){
	float average=0.0;
	struct student st01 ={"Praveen",200,51.5};
	struct student st02 ={"Sunil",201,78.5};
	struct student *p1,*p2; // declaração de ponteiro

	p1 = &st01; // atribuição do endereço da estrutura ao ponteiro
	p2 = &st02; // atribuição do endereço da estrutura ao ponteiro
	printf("\nDetalhes do aluno que utiliza o ponteiro \n");
	printf("\nCalculando marcas de avearagem utilizando ponteiro\n");
	printf("As notas do Aluno 01 são: %f\n",p1->notas);
	printf("As notas do Aluno 02 são: %f\n",p2->notas);
	média = (p1->marcas + p2->marcas)/2;
	printf("A média das marcas é: %f\n",média);
	retorno 0;
	}

Saída	Detalhes do aluno utilizando o ponteiro Calcular a média das notas utilizando o ponteiro Aluno 01 As notas são: 51.500000 Aluno 02 As notas são: 78.500000 A média das marcas é: 65.000000
Saída	A média está correta, pelo que o conceito está a funcionar bem.

Os programas acima explicam a declaração da estrutura e o uso de ponteiros. O próximo programa também explicará o uso de ponteiros dentro da estrutura.

Resumo:

- A estrutura é utilizada com ponteiros.
- A estrutura e os ponteiros podem ser utilizados em combinação.
- A estrutura e os ponteiros podem melhorar a eficiência do programa.

Estrutura e redefinição de tipos de dados

Programa	estrutura e redefinição de tipos de dados.

Código	#include <stdio.h> struct student { char name[50]; int roll;
	marcas de flutuação;
	};
	int main() {
	typedef struct estudante matriculado; // novo tipo de dados
	registar st01 = {"Praveen",200,51.5};
	printf("%s",st01.name);
	retorno 0;
	}

Saída	Praveen
Saída	Redifing Tipos de dados.

O programa acima explica a declaração da estrutura e a sua redefinição. O próximo programa também explicará a redefinição da estrutura.

Programa	programa para criar uma estrutura e redefinir .

Código	#include <stdio.h>
	struct aluno { char nome[50];
	rolo de int;
	marcas de flutuação;
	};
	int main() {

	typedef struct student enroll; // novo tipo de dados // criação de um objeto do tipo de dados enroll
	registo s = {"Praveen",200,51.5};
	printf("\nExibindo informações\n");
	printf("Nome: %s\n",s.nome);
	printf("Número de registo da Uni.: %d\n",s.registo);
	printf("Marcas: %.2f\n",s.marcas);

	retorno 0; }
Saída	Visualizar informações Nome: Praveen Uni. Número de registo: 200 Marcas: 51,50
Saída	Estrutura de dados aperfeiçoada.

Os programas acima explicam a declaração da estrutura e a redefinição. Próximo programa

explicará também a sua redefinição.

Declaração do problema: Pretendo utilizar uma estrutura dentro de outra estrutura.

Estruturas dentro de estruturas

Na programação em C, as estruturas podem ser aninhadas noutras estruturas.

```
estrutura complexa
{
int valor_imagem;
float valor_real;
};
struct number{
complexo estruturado c1;
int real;
}n1,n2;
```

Suponha que pretende aceder a *imag_value* para a variável de estrutura *n2*, então, é utilizado o membro da estrutura *n1.c1.imag_value.*

Programa	escrever um programa para passar valores usando structurecre dentro de outra estrutura.
Código	#include <stdio.h> struct student{ char name[50]; rolo de int; marcas de flutuação; };

	struct estudante01{
	struct estudante s1;
	int grau;
	} s;
	int main() {
	struct studentOl s = {"Praveen",200,51.5, 5};
	printf("\nExibindo informações\n");

	printf("Nome: %s\n",s.s1.name);
	printf("Número de registo da Uni.: %d\n",s.s1.registo);
	printf("Marcas: %.2f\n",s.s1.marcas);
	printf("Nota: %d\n",s.nota);
	retorno 0;
	}

Saída	Visualizar informações Nome: Praveen Uni. Número de registo: 200 Marcas: 51,50 Grau: 5

O programa acima explica a declaração da estrutura e a utilização da estrutura como passagem de valores para outra parte do programa.

Declaração do problema: Quero utilizar a estrutura de uma forma mais eficiente.

Sindicatos

As uniões são muito parecidas com as estruturas em C. A união é também um tipo derivado como a estrutura. As uniões podem ser definidas da mesma forma que as estruturas, mas a palavra-chave utilizada na definição de uniões é **union**, enquanto a palavra-chave utilizada na definição de estruturas é **struct.**

```
carro da união{
char name[50];
preço int;
};
```

As variáveis de união podem ser criadas de forma semelhante às variáveis de estrutura.

```
carro da união{
char name[50];
preço int;
}c1, c2, *c3;
OR;
carro da união{
char name[50];
preço int;
};
    Função interna
carro de união c1, c2, *c3;
```

Em ambos os casos, são criadas as variáveis de união *c1*, *c2* e a variável de ponteiro de união *c3* do tipo **carro de união**.

Programa	escrever um programa para explicar Union em programação.
Código	#include <stdio.h> trabalho de união { //definição de uma união char name[32]; salário flutuante; int trabalhador_nº; }u;

	struct jobl {
	char name[32];
	salário flutuante;
	int trabalhador_nº;
	}s;
	int main(){
	printf("tamanho da união = %d",sizeof(u));
	printf("\nsize of structure = %d", sizeof(s));
	retorno 0;
	}

Saída	tamanho da união = 32 dimensão da estrutura = 40
Saída	Explica a estrutura básica da união.
Programa	escrever um programa para passar valores utilizando uma estruturacriar uma estrutura e armazenar dois dados diferentes.
Código	#include <stdio.h> trabalho de união { //definição de uma união char name[32];

	salário flutuante;
	int trabalhador_nº;
	int DA;
	}u;
	struct jobl {
	char name[32];
	salário flutuante;
	int trabalhador_nº;
	int DA;
	}s;
	int main(){
	printf("tamanho da união = %d",sizeof(u));
	printf("\nsize of structure = %d", sizeof(s));
	retorno 0;
	}

Saída	tamanho da união = 32 dimensão da estrutura = 44
Saída	A dimensão da estrutura é a soma de todos os elementos A dimensão da União é o maior elemento da dimensão.

Aceder aos membros de uma união

O membro das uniões pode ser acedido da mesma forma que essa estrutura. Suponhamos que queremos aceder ao preço da variável de união *c1* no exemplo acima, pode ser acedido como c1.price. Se quiser aceder ao preço da variável de ponteiro de união *c3*, pode ser acedido como (*c3).price ou como c3->price.

***

Capítulo 03: Ponteiros e matrizes

Objectivos de aprendizagem:

Após a conclusão desta unidade, o aluno será capaz de

- Como criar uma matriz de ponteiros.
- Utilização de ponteiros no programa.
- Utilização eficiente de ponteiros

Aritmética de ponteiros

Os ponteiros são as variáveis que armazenam o endereço da memória, de forma a podermos aceder indiretamente ao valor da variável. Utilizando corretamente os ponteiros, é possível efetuar operações matemáticas sobre os valores das variáveis. Alguns dos programas seguintes ilustram a utilização dos apontadores e das variáveis.

Programa	escrever um programa para adicionar números usando ponteiro

Código	#include<stdio.h>
	int main() {
	int a=15,b=5,*ptr1,*ptr2;
	ptrl = &a;
	ptr2 = &b;
	printf("Valor da variável a= %d\n",a);
	printf("valores da variável b =%d\n",b);
	printf("Adição de a e b= %d\n", *ptr1+b);
	printf("Subtração a,b utilizando ponteiros = %d\n", *ptr1-b);
	printf("Multiplicação de a,b utilizando ponteiros = %d\n", *ptr1**ptr2);
	return 0;
	}

Saída	Valor da variável a= 15 valores da variável b =5 Adição de a e b= 20 Subtração a,b usando ponteiros = 10 Multiplicação de a,b utilizando ponteiros = 75

O próximo programa também ilustra este conceito, mas aqui os programadores estão a tentar adicionar o endereço de memória com o valor da variável. Portanto, no geral, é uma programação incorrecta.

Programa	escrever um programa para adicionar números usando ponteiro

Código	#include<stdio.h>
	int main() {
	int a=15,b=5,*ptr1;
	ptr1 = &a;
	printf("\nValor da variável a= %d",a);

	printf("\nvalus da variável b =%d",b); printf("\nValor da variável b =%d",ptr1); printf("\nAdição de a,b= %d", ptr1+b); retorno 0; }
Saída	Erro:

	Valor da variável a= 15 valus da variável b =5 valus da variável b =-419719676 Adição de a,b= -419719656 Análise: Erro devido à adição de um endereço de memória com o valor de v

No programa acima, o endereço é adicionado à variável, pelo que o resultado está errado.

Resumo:

- Os ponteiros indicam indiretamente o valor de uma variável.
- Utilizando corretamente o ponteiro, é possível efetuar operações matemáticas.
- O ponteiro pode ser utilizado para a adição e subtração de números.
- A leitura dos valores deve ser efectuada com cuidado.

Ponteiros nulos

Um *ponteiro nulo* é um valor de ponteiro especial que se sabe que não aponta para lado nenhum. O que isto significa é que nenhum outro ponteiro válido, para qualquer outra variável ou célula de array ou qualquer outra coisa, será alguma vez comparado com um ponteiro nulo.

Declaração do problema: No meu programa declarei um ponteiro mas ele não armazena nenhum valor

Programa	escrever um programa para declarar um ponteiro

Código	#include<stdio.h> int main() { int a[10],*pat;
	pat = a;
	printf("\nEndereço da matriz A = %u", a); printf("\nValor do ponteiro ptr = %u",pat);

	printf("\n Endereço do 0.º elemento &a[0]= %u", &a[0]); return 0; }
Saída	Endereço da matriz A = 648551312 Valor do ponteiro ptr = 648551312 Endereço do 0.º elemento &a[0]= 648551312

Resumo:

- O ponteiro nulo não armazena qualquer valor.

Ponteiros e matrizes

Descrição do problema: No meu programa quero armazenar 10 endereços de memória para efetuar um cálculo, terei de declarar 10 variáveis de ponteiro.

No capítulo anterior, explicámos o conceito de matriz e vimos que, sempre que no programa precisamos de 10, 50, ... variáveis, apesar de declararmos tantas variáveis, podemos declarar uma matriz com o comprimento necessário.

Podemos declarar uma variável de ponteiro com uma matriz.

Soma int;	// declarar uma única variável.
Int soma[50];	// declaração de uma matriz
Int *sum;	// declaração de uma variável de ponteiro único.
Int *sum[50];	// declaração de uma variável de ponteiro

com uma matriz.

Programa	Escrever um programa para declarar um ponteiro e uma matriz e mostrar a utilização de ambos.

Código	#include<stdio.h>
	int main() {
	int a[10],*pat;
	pat = a;
	printf("\n Endereço da matriz A = %u", a);
	printf("\nValor do ponteiro ptr = %u",pat);
	printf("\n Endereço do 0.º elemento &a[0]= %u", &a[0]);
	retorno 0;
	}

Saída	Endereço da matriz A = 2569212128 Valor do ponteiro ptr = 2569212128 Endereço do 0.º elemento &a[0]= 2569212128

Quando atribuímos um ponteiro à variável pat igual à variável a da matriz a, então o ponteiro apontará para o 0th / Primeiro elemento da matriz.
Pelo programa acima, é evidente que a variável ponteiro aponta para o primeiro elemento da matriz. Agora, o que acontecerá se incrementarmos o ponteiro em 1, então ele deve indicar o próximo elemento da matriz, e assim por diante, se continuarmos a inverter a variável ponteiro em 1, podemos percorrer todos os elementos da matriz.
No programa seguinte, os elementos da matriz foram apresentados utilizando um ponteiro.

Programa	Escreva um programa para mostrar elementos de uma matriz utilizando um ponteiro.

Código	#include<stdio.h>
	int main() {
	int a[8] ={5,10,15,20,25,30,35,40};
	int *pat ,i;
	pat = a; // ponteiro que aponta para o primeiro elemento da matriz ,a[0]
	for(i=0;i<8;++i){
	printf("a[%d] = %d\t",i,*pat);
	pat++; // aumentar ponteiro
	}
	retorno 0;
	}

Saída	a[0] = 5 a[1] = 10 a[2] = 15 a[3] = 20 a[4] = 25 a[5] = 30 a[6] = 35 a[7] = 40

Com o funcionamento do programa acima, percebemos que o ponteiro é atribuído igual à matriz, então ele mantém o endereço dos primeiros elementos da matriz, aumentando o ponteiro em 1, ele apontará para o próximo elemento da matriz, e é possível percorrer todos os elementos da matriz.
Nos exemplos anteriores aprendemos que é possível encontrar o valor do endereço do

ponteiro utilizando *. Agora, no próximo exemplo, usando os conceitos acima, estamos a escrever um programa para calcular a soma dos elementos de um array usando um ponteiro.

Programa	escrever um programa para adicionar 10 números utilizando uma matriz e ponteiros

Código	#include<stdio.h>
	int main() {
	int i , *p, soma=0;
	printf("8 Números estão na matriz \n");
	int a[8] ={5,10,15,20,25,30,35,40};
	for(i=0;i<8;i++)
	p = a;

	for(i=0; i<8; i++)
	{
	soma = soma + *p;
	p++;
	}
	printf("\nA soma é : %d" , soma);
	retorno 0;
	}

Saída	8 Números estão na matriz A soma é: 180

Em continuação ao conceito discutido anteriormente, escreva um programa para ler 6 números e exibir a soma dos números usando matriz e ponteiro.

Programa	Escreva um programa para encontrar a soma de seis números com arrays e ponteiros.

Código	#include<stdio.h>
	int main() {
	int i , *pat, sum=0;
	printf("8 Números estão na matriz \n");
	int a[8] ={5,10,15,20,25,30,35,40};
	for(i=0;i<8;i++)
	pat = a;
	for(i=0; i<8; i++)
	{
	soma = soma + *pat;
	pat++;
	printf("A soma é: %d" , soma);
	printf(" -- O ponteiro é : %d \n" , pat);
	}
	printf("\nA soma é : %d" , soma);
	retorno 0;
	}

Saída	8 Números estão na matriz

	A soma é : 5 -- O ponteiro é : 1330696100 A soma é : 15 -- O ponteiro é : 1330696104 A soma é : 30 -- O ponteiro é : 1330696108 A soma é : 50 -- O ponteiro é : 1330696112 A soma é : 75 -- O ponteiro é : 1330696116 A soma é : 105 -- O ponteiro é : 1330696120 A soma é : 140 -- O ponteiro é : 1330696124 A soma é : 180 -- O ponteiro é : 1330696128

A soma é: 180

No programa acima, um ciclo for está a fazer a leitura dos elementos da matriz e a soma dos elementos. Todos os programas apresentados acima são do tipo de dados for int, mas também é possível efetuar operações de matriz e ponteiros com valores do tipo de dados char.

Programa	escrever um programa para mostrar o endereço de uma cadeia de caracteres.

Código	#include<stdio.h> int main() { char c[4];
	int i;
	for(i=0;i<4;++i) { printf("Endereço de c[%d]=%x\n",i,&c[i]);
	}
	retorno 0;
	}

Saída	Endereço de c[0]=7dc468d4 Endereço de c[1]=7dc468d5 Endereço de c[2]=7dc468d6 Endereço de c[3]=7dc468d7

O tipo de dados Char requer um espaço de armazenamento de I bytes, pelo que todos os valores de endereço serão incrementados em 1. As matrizes estão intimamente relacionadas com os ponteiros na programação em C. As matrizes e os ponteiros são sinónimos em termos da forma como são utilizados para aceder à memória. Mas, a diferença importante entre eles é que uma variável de ponteiro pode receber diferentes endereços como valor, enquanto que, no caso de uma matriz, o valor é fixo. Isto pode ser demonstrado com um exemplo:

Resumo:

- As matrizes são uma coleção de itens homogéneos.
- Pointes armazena o endereço.
- O conjunto de ponteiros armazenará a sequência de endereços.

Relação entre matrizes e ponteiros

Considerar e ordenar:

int name[6];

Nome do conjunto "	**nome(0)**	**nome[1]**	**nome [2]**	**nome[3]**	**nome [4]**	**nome[?]**
Memória de matriz	8000	8004	8008	8012	8016	8020

Nomes de matrizes e sua memória relativa

Todos os endereços das matrizes são incrementados da mesma forma, todos os endereços de memória das matrizes serão incrementados em 1, 2 ou 4 bytes.

Ponteiros como parâmetros

Declaração do problema: Nos últimos programas, o valor é passado para as funções, agora surge a questão de saber se podemos passar ponteiros como parâmetro de entrada para as funções.

<table>
<tr><td>Programa</td><td>Escrever um programa que mostre a utilização de ponteiros como parâmetro</td></tr>
<tr><td>Código</td><td>#include<stdio.h>
int main(){
void swap(int *pa,int *pb);
int na1=7, nb2=13;
printf("Número1 antes da troca = %d\n",na1); printf("Número2 antes da troca = %d\n",nb2);
swap(&na1,&nb2);
printf("Número1 após troca = %d\n",na1);
printf("Número2 após troca = %d\n",nb2); return 0;
}
// definição de função
void swap(int *pa,int *pb) {
/* pontos a e b do ponteiro */
int nc3; // nova variável int nc3</td></tr>
<tr><td></td><td>nc3=*pa; // nc3 contém o valor de pa
*pa=*pb; // pa contém o valor de pb
*pb=nc3; // pb contém o valor de temp ou a
}</td></tr>
<tr><td>Saída</td><td>Número antes da troca = 7
Número2 antes da troca = 13
Número1 após a troca = 13
Número2 após a troca = 7</td></tr>
</table>

Resumo:

- Os ponteiros podem ser passados como parâmetros de entrada.

Ponteiros e funções

Declaração do problema: As funções são úteis e reduzem o código repetitivo. Posso utilizar funções em apontadores? Uma vez que ambos os conceitos são úteis.

<table>
<tr><td>Programa</td><td>escrever um programa para adicionar dois números inteiros utilizando funções e passar uma variável de ponteiro para a função</td></tr>
<tr><td>Código</td><td>// Unidade II , Ponteiro como argumento em função, ponteiros e função
#include <stdio.h>
#include <conio.h>
void sum(int *a,int *b,int *total);
int main(){
int número1,número2,total;
printf("Introduzir o primeiro número\n");
scanf("%d",&número1);
printf("Introduzir o segundo número\n");
scanf("%d",&número2);</td></tr>
</table>

	sum(&número1,&número2,&total); // chamar a função
	printf("Total = %d\n",total);
	getch();
	retorno 0;
	}
	// definição de função
	// *a,*b,*t são ponteiros
	void sum(int *a, int *b, int *t) {
	*t = *a + *b;
	printf("dentro da função\n");
	}

Saída	Introduzir o primeiro número 15 Introduzir o segundo número 25 função interna Total = 40

Matrizes de ponteiros

Descrição do problema: Sou capaz de armazenar a localização de uma posição de memória, o que acontecerá se eu quiser armazenar 10 posições de memória, terei de declarar 10 variáveis do tipo ponteiro.

Programa	escrever um programa para declarar uma matriz de ponteiros.

Código	#include<stdio.h>
	int main() {
	int *nome[10];
	int p;
	printf("\n O endereço que está a ser apontado é: \n");
	for(p=0;p<10;p++)
	printf("name[%d]--%d\n",p,name[p]);
	retorno 0;
	}

Saída	Os endereços apontados são: name[0]--0 name[1]--0 name[2]--15775231 name[3]--194 name[4]--1509322919 name[5]---1147012276 name[6]--1509322992 name[7]---1259044291 name[8]--0 name[9]--0

Compilar em Done March 12

Programa	escrever um programa para declarar uma matriz de ponteiros.

Código	#include<stdio.h>
	int main() {
	int *np1,*np2,*np3;
	int ct1,ct2,ct3;
	np1 = &ct1;
	np2 = &ct2;
	np3 = &ct3;
	printf("O endereço da variável a é: %d\n", np1);

	printf("O endereço da variável a1 é: %d\n", np2); printf("O endereço da variável a2 é: %d\n", np3); return 0; }
Saída	O endereço da variável a é: -1212852532 O endereço da variável a1 é: -1212852528 O endereço da variável a2 é: -1212852524
Programa	escrever um programa para declarar uma matriz de ponteiros.

Código	#include<stdio.h>
	int main() {
	int *np[3];
	int a[3];
	np[0] = &a[0];
	np[1] = &a[1];
	np[2] = &a[2];
	printf("O endereço da variável a é: %d\n", np);
	printf("O endereço da variável a1 é: %d\n", np[1]);
	printf("O endereço da variável a2 é: %d\n", np[2]);
	retorno 0;
	}

Saída	O endereço da variável a é: 2085579328 O endereço da variável a1 é: 2085579320 O endereço da variável a2 é: 2085579324
Programa	escrever um programa para declarar uma matriz de ponteiros usando o loop for

Código	#include<stdio.h>
	int main() {
	int *nome[10];
	int a[10];
	int p;
	for(p=0; p<=10; p++) { name[p] = &a[p];
	}
	printf("O endereço da variável a é: %d\n", nome[0]);
	printf("O endereço da variável a1 é: %d\n", nome[1]);
	printf("O endereço da variável a2 é: %d\n", nome[2]);
	printf("O endereço da variável a3 é: %d\n", nome[3]);
	printf("O endereço da variável a4 é: %d\n", nome[4]);
	printf("O endereço da variável a5 é: %d\n", nome[5]);
	printf("O endereço da variável a6 é: %d\n", nome[6]);
	printf("O endereço da variável a7 é: %d\n", nome[7]);
	printf("O endereço da variável a8 é: %d\n", nome[8]); printf("O endereço da variável a9 é: %d\n", nome[9]);
	retorno 0;
	}

Saída	O endereço da variável a é: -584141712 O endereço da variável a1 é: -584141708

	O endereço da variável a2 é: -584141704 O endereço da variável a3 é: -584141700 O endereço da variável a4 é: -584141696 O endereço da variável a5 é: -584141692 O endereço da variável a6 é: -584141688 O endereço da variável a7 é: -584141684 O endereço da variável a8 é: -584141680 O endereço da variável a9 é: -584141676
Programa	escrever um programa para declarar uma matriz de ponteiros
Código	#include<stdio.h> int main() { int *nome[50]; int a[50]; int p; for(p=0; p<=50; p++) {

	nome[p] = &a[p];
	
	}
	for(p=0; p<=50; p++) {
	printf("Nome da variável =a[%d], Endereço=%d\n",p, nome[p]); }
	retorno 0;
	}

Saída	Nome da variável =a[0], Endereço=890750976 Nome da variável =a[1], Endereço=890750980 Nome da variável =a[2], Endereço=890750984 Nome da variável =a[3], Endereço=890750988 Nome da variável =a[4], Endereço=890750992 Nome da variável =a[5], Endereço=890750996 Nome da variável =a[6], Endereço=890751000 Nome da variável =a[7], Endereço=890751004 Nome da variável =a[8], Endereço=890751008 Nome da variável =a[9], Endereço=890751012 Nome da variável =a[10], Endereço=890751016 Nome da variável =a[11], Endereço=890751020 Nome da variável =a[12], Endereço=890751024 Nome da variável =a[13], Endereço=890751028 Nome da variável =a[14], Endereço=890751032 Nome da variável =a[15], Endereço=890751036 Nome da variável =a[16], Endereço=890751040 Nome da variável =a[17], Endereço=890751044 Nome da variável =a[18], Endereço=890751048 Nome da variável =a[19], Endereço=890751052 Nome da variável =a[20], Endereço=890751056 Nome da variável =a[21], Endereço=890751060 Nome da variável =a[22], Endereço=890751064 Nome da variável =a[23], Endereço=890751068 Nome da variável =a[24], Endereço=890751072 Nome da variável =a[25], Endereço=890751076

Nome da variável =a[26], Endereço=890751080
Nome da variável =a[27], Endereço=890751084

Nome da variável =a[28], Endereço=890751088
Nome da variável =a[29], Endereço=890751092
Nome da variável =a[30], Endereço=890751096
Nome da variável =a[31], Endereço=890751100
Nome da variável =a[32], Endereço=890751104
Nome da variável =a[33], Endereço=890751108
Nome da variável =a[34], Endereço=890751112
Nome da variável =a[35], Endereço=890751116
Nome da variável =a[36], Endereço=890751120
Nome da variável =a[37], Endereço=890751124
Nome da variável =a[38], Endereço=890751128
Nome da variável =a[39], Endereço=890751132
Nome da variável =a[40], Endereço=890751136
Nome da variável =a[41], Endereço=890751140
Nome da variável =a[42], Endereço=890751144
Nome da variável =a[43], Endereço=890751148
Nome da variável =a[44], Endereço=890751152
Nome da variável =a[45], Endereço=890751156
Nome da variável =a[46], Endereço=890751160
Nome da variável =a[47], Endereço=890751164
Nome da variável =a[48], Endereço=890751168
Nome da variável =a[49], Endereço=890751172
Nome da variável =a[50], Endereço=890751176

Ponteiro para ponteiro

Declaração do problema: posso utilizar um ponteiro para armazenar o endereço de outro ponteiro?

Programa	escrever um programa para valorizar a variável if usando ponteiro para ponteiro
Código	#include <stdio.h> int main() {

	int p=15;
	int *A; // ponteiro A
	int **B; // Indicação do ponteiro B para o armazenamento de outro ponteiro
	A=&p;
	B=&A;
	printf("\nvalor de p = %d\t Endereço de p=%d",p,&p);
	printf("\nvalor de A = %d\t Endereço de A=%d",A,&A);
	printf("\nvalor de *B = %d\t Endereço de B=%d",B,&B);
	// valor dos apontadores
	printf("\ncontrolo completo dos valores de B");
	printf("\nvalor do ponteiro B = %d",B);
	printf("\n Endereço do ponteiro B = %d",&B);
	printf("\nvalor do ponteiro *B = %d",*B);
	printf("\nvalor do ponteiro **B = %d",**B);

	printf("\nvalores do ponteiro *A = %d",*A);
	retorno 0;
	}

Saída	valor de p = 15 Endereço de p=-587150476 valor de A = -587150476 Endereço de A=-587150472 valor de *B = -587150472 Endereço de B=-587150464 rastreio completo dos valores de B ponteiro de valor B = -587150472 Endereço do ponteiro B = -587150464 valor do ponteiro *B = -587150476 valor do ponteiro **B = 15 valor do ponteiro *A = 15
Programa	escrever um programa para valorizar a variável if usando ponteiro para ponteiro

Código	#include <stdio.h>
	int principal()
	{
	int p=15;
	int *A; // ponteiro A
	int *B; // Ponteiro B
	A=&p;
	B=&A;
	printf("\nvalor de p = %d\t Endereço de p=%d",p,&p);

	printf("\nvalor de A = %d\t Endereço de A=%d",A,&A);
	printf("\nvalor de *B = %d\t Endereço de B=%d",B,&B);
	// valor dos apontadores
	printf("\ncontrolo completo dos valores de B");
	printf("\nvalor do ponteiro B = %d",B);
	printf("\n Endereço do ponteiro B = %d",&B);
	printf("\nvalor do ponteiro *B = %d",*B);
	printf("\nvalores do ponteiro *A = %d",*A);
	retorno 0;
	}

Saída	valor de p = 15 Endereço de p=-1969581836 valor de A = -1969581836 Endereço de A=-1969581832 valor de *B = -1969581832 Endereço de B=-1969581824 rastreio completo dos valores de B valor do ponteiro B = -1969581832 Endereço do ponteiro B = -1969581824 valor do ponteiro *B = -1969581836 valores do ponteiro *A = 15

Ponteiros e cadeias de caracteres

Declaração do problema: O ponteiro é tão útil que posso utilizá-lo para dados de cadeia.

Programa	escrever um programa para imprimir um carácter em valor ASCII e um

	carácter em maiúsculas

Código	#include <stdio.h>
	int principal()
	{
	int ch,*c; // declaração de ponteiro, vai armazenar endereço
	c=&ch;
	ch = "a";
	printf("\carácter introduzido é %c",*c);
	printf("\nO valor ASCII do carácter é %d",*c);
	printf("\ncarácter em MAIÚSCULA %c",*c-32);
	retorno 0;
	}

Saída	O carácter introduzido é um O valor ASCII do carácter é 97 carácter em MAIÚSCULAS A
Programa	escrever um programa para concatenar duas cadeias de caracteres utilizando ponteiros

Código	#include <stdio.h>
	#include <conio.h>
	int main(){
	char name01[20]; // Declaração de matriz
	char name02[20];
	char name03[40];
	char *p1,*p2,*p3; // declaração de ponteiro
	p1=nome01;
	p2=nome02;
	p3=nome03
	printf("Introduzir uma primeira cadeia de caracteres:\n");
	gets(name01);
	printf("Introduzir uma segunda cadeia de caracteres:\n");
	gets(name02)
	p1=nome01; // o ponteiro aponta para o primeiro carácter da cadeia
	while(*p1 !='\0')
	{
	*p3 = *p1;
	p1++;
	p3 ;++
	}
	p2=nome02;
	while(*p2 !='\0')
	{
	*p3 = *p2;
	p2++;
	p3 ;++
	}

	*p3='\0';
	printf("\n O novo teste é:");
	p3=nome03;
	while(*p3 !='\0')
	{
	printf("%c",*p3);
	p3 ;++
	}
	getch();
	retorno 0;
	}

Saída	Introduzir uma primeira cadeia: ponteiros Introduzir uma segunda cadeia:
	matriz O novo teste é: matriz de ponteiros
Saída	Introduzir uma primeira sequência: aprendizagem Introduzir uma segunda cadeia de caracteres: ponteiros O novo teste é: aprender ponteiros
Programa	escrever um programa para concatenar duas cadeias de caracteres utilizando ponteiros.

Código	// Unidade II, PONTEIROS e cadeia de caracteres
	#include <stdio.h>
	#include <conio.h>
	int main(){
	char name01[20]; // Declaração de matriz
	char name02[20];
	char name03[40];
	char *p1,*p2,*p3; // declaração de ponteiro
	p1=nome01;
	p2=nome02;
	p3=nome03;
	printf("Introduzir uma primeira cadeia de caracteres:\n");
	gets(name01);
	printf("Introduzir uma segunda cadeia de caracteres:\n");
	gets(name02);
	p1=nome01; // o ponteiro aponta para o primeiro carácter da cadeia
	while(*p1 !='\0')
	{
	*p3 = *p1;
	p1++;
	p3 ;++
	}
	p2=nome02;
	while(*p2 !='\0')
	{

	*p3 = *p2;
	p2++;
	p3 ;++
	}
	*p3='\0';
	printf("\n O novo teste é:");
	p3=nome03;

	while(*p3 !='\0')
	{
	printf("%c",*p3);
	p3++;
	}
	getch();
	retorno 0;
	}

Saída	Introduzir uma primeira cadeia: ponteiros Introduzir uma segunda cadeia: matriz O novo teste é: matriz de ponteiros
Saída	Introduzir uma primeira sequência: aprendizagem Introduzir uma segunda cadeia de caracteres: ponteiros O novo teste é: aprender ponteiros
Programa	escrever um programa para contar caracteres maiúsculos e minúsculos numa cadeia de caracteres utilizando ponteiros.

Código	#include <stdio.h>
	#include <conio.h>
	int main(){
	char name01[20]; // Declaração de matriz.
	char *p1; // declaração de ponteiro.
	int upperCase=0,lowerCase=0;
	p1=nome01;
	printf("Introduzir uma primeira cadeia de caracteres:\n");
	gets(name01);
	p1=nome01; // o ponteiro aponta para o primeiro carácter da cadeia
	while(*p1 !='\0')
	{
	se(*p1 >='A'&&*p1<='Z')
	maiúsculas++;
	else if(*p1>='a' && *p1<='z')
	lowerCase++;
	p1++;

	} printf("O total de caracteres em maiúsculas é :%d\n",upperCase); printf("O total de caracteres em minúsculas é:%d\n",lowerCase); getch(); retorno 0; }

Saída	Introduzir uma primeira sequência: PROGRAMAÇÃO O total de caracteres em maiúsculas é :6 O total de caracteres em minúsculas é:5
Saída	Introduzir uma primeira cadeia: PraveenGupta O total de caracteres em maiúsculas é :2 O total de caracteres minúsculos é:10
Programa	escrever um programa para imprimir uma cadeia de texto usando ponteiros

Código	#include <stdio.h>
	#include <conio.h>
	int main(){
	char name01[20] = "Olá Programação"; // Matriz declaração
	char *p1; // declaração de ponteiro.
	p1=nome01; // o ponteiro aponta para o primeiro carácter da cadeia
	printf("A cadeia de caracteres é:");
	while(*p1 !='\0')
	{
	printf("%c",*p1);
	p1++;
	}
	getch();
	retorno 0;
	}

Saída	String é: Olá Programação

Programa Escreva um programa para inverter a cadeia de caracteres dada usando ponteiros

Código	// Unidade II , PONTEIROS e cadeia de caracteres
	#include <stdio.h>
	#include <conio.h>
	int main(){
	char name01[20]; // Declaração de matriz.
	char name02[20];
	char *p1,*p2; // declaração de ponteiro.
	p1=nome01; // o ponteiro aponta para o primeiro carácter da cadeia
	p2=nome02;
	printf("Introduzir * para terminar:\n");
	printf("\n ************");
	printf("Introduzir uma cadeia de caracteres:\n"); // Ler cadeia de caracteres
	scanf("%c",p1);
	while(*p1 !='*') // o ponteiro chega ao ponto final
	{
	p1++;
	scanf("%c",p1);

	}
	*p2='\0';
	p1--;
	while(p1>=nome01) //o ponteiro p2 está no ponto mais alto
	{ // o ponteiro p1 está no ponto mais baixo
	*p2=*p1; // copiar o valor mais elevado de p1 para p2
	p2++;
	p1--;
	}
	*p2='\0';
	printf("A cadeia de caracteres invertida é:\n"); // imprimir string p2
	p2=nome02;
	while(*p2 !='\0')
	{
	printf("%c",*p2);
	p2++;
	}
	getch();
	retorno 0;
	}

Saída	Introduzir * para terminar: *********** Introduzir uma cadeia de caracteres: RAJASTHAN* A corda inversa é: NAHTSAJAR

+++

PARTE - IV

Capítulo 01: Cordas

Há um interesse próprio por detrás de cada amizade. Não existe amizade sem interesse próprio
interesses. Esta é uma verdade amarga..: *Chanakya*

Objectivos de aprendizagem:

Após a conclusão desta unidade, o aluno será capaz de

- Como escrever texto no programa.
- Como utilizar o texto e manipular no programa.

Cordas

Resumo: Este capítulo explica o comportamento dos char e stings na programação. Explica como efetuar operações sobre este tipo de dados.

Descrição do problema: Quero escrever caracteres e texto no programa e como o utilizar. Ou como armazenar palavras ou frases no programa.

Na programação em C, um dos problemas que surgem frequentemente é o tratamento de tipos de dados semelhantes. Por exemplo: Se o utilizador quiser armazenar as notas de 100 alunos. Isto pode ser feito criando 100 variáveis individualmente, mas este processo é bastante fastidioso e impraticável. Este tipo de problema pode ser resolvido na programação em C utilizando arrays.

Uma matriz é uma sequência de itens de dados de valor homogéneo (mesmo tipo). Todos os elementos da matriz são do mesmo tipo de dados.

Compreender os caracteres

Todas as línguas escritas e faladas pelo homem são feitas de caracteres. A unidade mais pequena de qualquer língua é um único alfabeto. Estamos a considerar o inglês como língua e a falar em referência a ela. A programação em C fornece o tipo de dados char para armazenar um único carácter. A memória do computador tem uma posição de um byte e a informação é armazenada num formato equivalente a ASCII. Eis alguns exemplos que explicam o comportamento do carácter.

Programa	Escreva um programa para armazenar um único carácter.

Código	// Cordas
	#include <stdio.h>
	int main() {
	char t1 ='A';
	printf("Valor da variável t1 = %c\n", t1);
	printf("Endereço de memória da variável t1 = %d\n", &t1);
	printf("Valor ASCII da variável t1 =%d\n", t1);
	retorno 0;
	}

Saída	Variável t1 valor = A Endereço de memória da variável t1 = 350722535 Variável t1 Valor ASCII =65
Análise	NA

O programa acima mostra a utilização de um único carácter. O próximo programa também continua o mesmo conceito.

Programa	Escreva um programa para armazenar um único carácter.
Código	// Cordas

	#include <stdio.h>
	int main() {
	char t1 ='a';
	printf("Valor da variável t1 = %c\n", t1);
	printf("Endereço de memória da variável t1 = %d\n", &t1);
	printf("Valor ASCII da variável t1 =%d\n", t1);
	retorno 0;
	}

Saída	Variável t1 valor = a Endereço de memória variável t1 = -1339770777 Variável t1 Valor ASCII =97
Análise	NA

O armazenamento de mais do que um carácter necessita de mais espaço de armazenamento, mas cada carácter necessita de 1

espaço de bytes na memória. Assim, para armazenar dois caracteres, precisamos de duas variáveis do tipo char. Os exemplos abaixo ilustram este processo.

Programa	Escreva um programa para armazenar dois caracteres.

Código	// Cordas
	#include <stdio.h> int main() {
	char t1 ='A';
	char t2 ='B';
	printf(" A mostrar dois caracteres \n");
	printf("char t1 =%c e t2 = %c\n", t1, t2);
	printf("endereço de memória de t1 = %d\n", &t1);
	printf("endereço de memória de t2 = %d\n", &t2);
	printf(" t1 ASCII is = %d\n", t1);
	printf(" t2 ASCII is = %d\n", t2);
	retorno 0;
	}

Saída	Apresentação de dois caracteres char t1 =A e t2 = B endereço de memória de t1 = -1003658298 endereço de memória de t2 = -1003658297 t1 ASCII é = 65 t2 ASCII é = 66

Análise NA

Quero armazenar uma frase grande como "Estou a aprender programação em C", que é uma frase grande, por isso preciso de muitas variáveis do tipo char. A programação em C fornece tipos de dados do tipo String que podem armazenar frases longas. O último carácter é '\0', que indica o fim dos caracteres. O valor do último carácter é zero. Nos capítulos anteriores, ficámos a saber que a matriz pode armazenar vários valores do mesmo tipo de dados.

Programa	Escreva um programa para armazenar um único carácter numa matriz.
Código	// Cordas #include <stdio.h>

	int main() {
	char t1[2] ="a";
	printf("Valor da variável t1 = %c\n", t1[0]);
	printf("Endereço de memória da variável t1 = %d\n", &t1[0]);
	printf("Valor ASCII da variável t1 =%d\n", t1[0]);
	printf(" ####################\n");
	printf("Valor da variável t1 = %d\n", t1[1]);
	printf("Endereço de memória da variável t1 = %d\n", &t1[1]);
	printf("Valor ASCII da variável t1 =%d\n", t1[1]);
	retorno 0;
	}

Saída	Variável t1 valor = a Endereço de memória variável t1 = -1444898090 Variável t1 Valor ASCII =97 #################### Variável t1 valor = 0 Endereço de memória variável t1 = -1444898089 Variável t1 Valor ASCII =0
Análise	Este programa mostra que na matriz de dois tamanhos . será armazenado um valor e o segundo , de facto, neste caso é o valor zero.

Agora quero armazenar a Programação nas variáveis. Trata-se de uma palavra de 11 caracteres, pelo que preciso de uma matriz de 11+1 = 12 caracteres para a armazenar. O exemplo seguinte ilustra esta situação e a última posição é o valor zero. Neste exemplo, é declarada uma matriz de tamanho 12 e o valor é armazenado.

Programa	Escreva um programa para armazenar 11 caracteres numa matriz.

Código	// Cordas
	#include <stdio.h>
	int main() {
	char t1[12] - "Programação";
	printf("Valor da variável t1 = %c\n", t1[0]);
	printf("Endereço de memória da variável t1 = %d\n", &t1[0]);
	printf("Valor ASCII da variável t1 =%d\n", t1[0]);
	printf(" ####################\n");
	printf("Valor da variável t1 = %d\n", t1[12]);
	printf("Endereço de memória da variável t1 = %d\n", &t1[12]);
	printf("Valor ASCII da variável t1 =%d\n", t1[12]);
	retorno 0;
	}

Saída	Variável t1 valor = P Endereço de memória da variável t1 = 1621149964 Variável t1 Valor ASCII =80 #################### Variável t1 valor = 0 Endereço de memória da variável t1 = 1621149976 Variável t1 Valor ASCII =0

Resumo:

- Os tipos de dados Char são utilizados para armazenar um carácter da linguagem.
- Para armazenar um número ou um carácter no programa, é necessário um tipo de dados.

Mas na programação não posso contar os caracteres para o declarar. Durante a escrita do programa, o programador não consegue saber o tamanho das cadeias de caracteres, por isso, neste programa, o tamanho não é definido.

Programa	Escreva um programa para escrever um texto.

Código	// Cordas
	#include <stdio.h>
	int main() {
	char t1[] ="Pro";
	printf("Valor da variável t1 = %c\n", t1[0]);
	printf("Valor da variável t1 = %c\n", t1[1]);
	printf("Valor da variável t1 = %c\n", t1[2]);
	printf("Comprimento da matriz de caracteres = %d\n", strlen(t1));
	printf(" ####################\n");
	retorno 0;
	}

Saída	Variável t1 valor = P Variável t1 valor = r Valor da variável t1 = o Comprimento da matriz de caracteres = 3 ####################
Análise	O programa é escrito sem definir o tamanho.

Resumo:

- Os tipos de dados Char são utilizados para armazenar um carácter da linguagem.
- Para armazenar um número ou um carácter no programa, é necessário um tipo de dados.
- É necessário um byte de armazenamento.
- char utiliza a tabela ASCII.
- um tipo de dados char armazenará uma aspa simples como 'B'
- são possíveis operações aritméticas com variáveis char.

Cadeia de caracteres e ponteiros

Vamos compreender o ponteiro e o seu trabalho na cadeia de caracteres. char é uma localização de memória de um byte que armazena um único alfabeto.

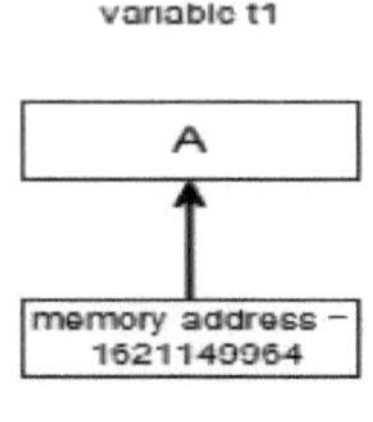

String é um armazenamento contínuo de uma matriz de valores e tem o seguinte aspeto. Todas as regras da matriz são aplicáveis.

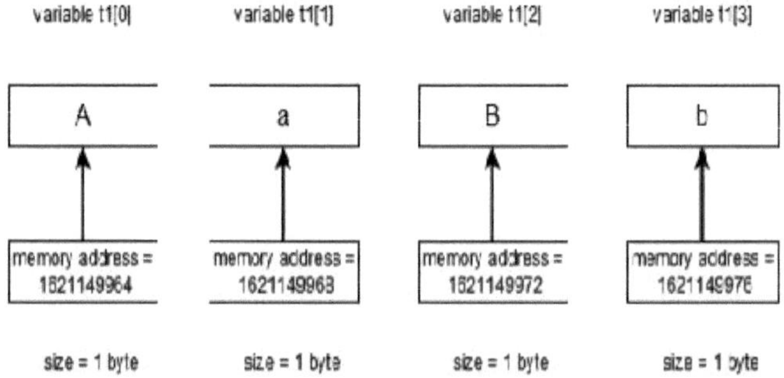

O ponteiro é uma variável que armazena um valor int que é um endereço de memória. Isto significa que a variável ponteiro é um número que nos diz que devemos ir a este endereço de memória e encontrar o valor. A figura seguinte explica os valores associados a uma variável. Digamos que a variável t[0] tem um valor armazenado, tem um endereço de localização de memória, o tamanho é de 1 byte e agora uma variável seguinte está a armazenar o valor desta localização de memória.

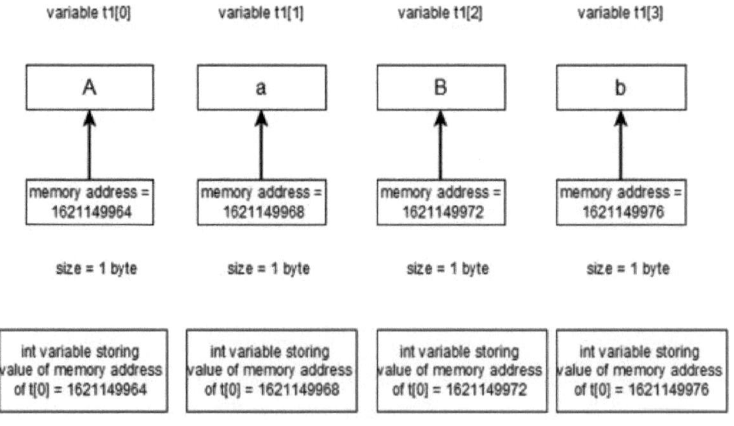

O programa seguinte ilustra a utilização da cadeia de caracteres e a utilização de apontadores para manipular cadeias de caracteres.

Programa	Escreva um programa para armazenar uma cadeia de caracteres e ponteiros.

Código	#include <stdio.h>
	int main() {
	char t1[8] - "Aprendizagem";
	printf("Valor da variável t1 = %c\n", t1[0]);
	printf("Valor da variável t1 = %c\n", t1[1]);
	printf("Valor da variável t1 = %c\n", t1[2]);
	printf("Valor da variável t1 = %c\n", t1[3]);
	printf("Valor da variável t1 = %c\n", t1[4]);
	printf("Valor da variável t1 = %c\n", t1[5]);
	printf("Valor da variável t1 = %c\n", t1[6]);
	printf("Valor da variável t1 = %c\n", t1[7]);
	printf("Valor da variável t1 = %d\n", t1[8]);
	printf(" ###################### \n");
	printf("Endereço de memória da variável t1 = %d\n", &t1[0]);
	printf("Endereço de memória da variável t1 = %d\n", &t1[1]);
	printf("Endereço de memória da variável t1 = %d\n", &t1[2]);
	printf("Endereço de memória da variável t1 = %d\n", &t1[3]);
	printf("Endereço de memória da variável t1 = %d\n", &t1[4]);
	printf("Endereço de memória da variável t1 = %d\n", &t1[5]);
	printf("Endereço de memória da variável t1 = %d\n", &t1[6]);
	printf("Endereço de memória da variável t1 = %d\n", &t1[7]);

	printf("Endereço de memória da variável t1 = %d\n", &t1[8]); retorno 0; }
Saída	Variável t1 valor = L Variável t1 valor = e Variável t1 valor = a Variável t1 valor = r Variável t1 valor = n Variável t1 valor = i Variável t1 valor = n Variável t1 valor = g Variável t1 valor = 0 ###################### Endereço de memória da variável t1 = 160263744 Endereço de memória da variável t1 = 160263745 Endereço de memória da variável t1 = 160263746 Endereço de memória da variável t1 = 160263747 Endereço de memória da variável t1 = 160263748 Endereço de memória da variável t1 = 160263749 Endereço de memória da variável t1 = 160263750 Endereço de memória da variável t1 = 160263751 Endereço de memória da variável t1 = 160263752

O programa seguinte ilustra a utilização da cadeia de caracteres e a utilização de apontadores para manipular cadeias de caracteres

Programa	Escreva um programa para armazenar uma cadeia de caracteres e ponteiros.

Código	#include <stdio.h>
	int main() {
	char t1[8] ="Aprendizagem";
	char *tpointer; // ponteiro declarado
	tpointer = t1; // ponteiro atribuído à matriz t1[]
	printf("Valor da variável t1 = %c\n", t1[0]);
	printf("Valor da variável t1 = %c\n", t1[1]);
	printf("Valor da variável t1 = %c\n", t1[2]);
	printf("Valor da variável t1 = %c\n", t1[3]);
	printf("Valor da variável t1 = %c\n", t1[4]);
	printf("Valor da variável t1 = %c\n", t1[5]);
	printf("Valor da variável t1 = %c\n", t1[6]);

	printf("Valor da variável t1 = %c\n", t1[7]);
	printf("Valor da variável t1 = %d\n", t1[8]);
	printf(" #################### \n");
	while(*tpointer != '\0') {
	printf("Valor da variável do ponteiro = %d\n", tpointer); tpointer++;
	}
	retorno 0;
	}

Saída	Variável t1 valor = L Variável t1 valor = e Variável t1 valor = a Variável t1 valor = r Variável t1 valor = n Variável t1 valor = i Variável t1 valor = n Variável t1 valor = g Variável t1 valor = 0 #################### Valor da variável do ponteiro = 2107104896 Valor da variável do ponteiro = 2107104897 Valor da variável do ponteiro = 2107104898 Valor da variável do ponteiro = 2107104899 Valor da variável do ponteiro = 2107104900 Valor da variável do ponteiro = 2107104901 Valor da variável do ponteiro = 2107104902 Valor da variável do ponteiro = 2107104903
Análise	Os resultados podem ser compreendidos pela seguinte representação visual dos valores da matriz e do respetivo endereço de memória armazenado na matriz tpointer

Localização da matriz	Valor armazenado	Endereço de memória . que é armazenado numa matriz de ponteiros designada por tp o inter
tl [0]	L	2107104896
tl[l]	e	2107104897
tl [2]	a	2107104898
И [3]	r	2107104899
H [4]	n	2107104900
H [5]	i	2107104901
H [6]	n	2107104902
H P]	g	2107104903
H [8]	0	

Resumo:

- As palavras são armazenadas no tipo de dados char.
- Os ponteiros e char podem ser utilizados simultaneamente.

Aceder a uma matriz utilizando ponteiros

Descrição do problema: como fazer apontadores utilizando uma cadeia de caracteres. A matriz pode ser acedida através de ponteiros e pode ser utilizada para imprimir valores. O exemplo seguinte mostra a utilização de ponteiros para descobrir valores.

Programa	Escreva um programa para armazenar uma cadeia de caracteres e ponteiros.

Código	#include <stdio.h>
	int main(void) {
	char t1[8] = "Aprendizagem"; // Matriz de cadeia de caracteres
	char *tpointer = t1; // Matriz de ponteiro
	while(*tpointer != '\0') {
	printf("Endereço de memória = %d ", tpointer);
	printf("-- Valor da matriz = %c\n", *tpointer);
	tpointer++;
	}
	retorno 0;
	}

Saída	Endereço de memória = 1322284928 -- Valor da matriz = L Endereço de memória = 1322284929 -- Valor da matriz = e Endereço de memória = 1322284930 -- Valor da matriz = a Endereço de memória = 1322284931 -- Valor da matriz = r Endereço de memória = 1322284932 -- Valor da matriz = n Endereço de memória = 1322284933 -- Valor da matriz = i Endereço de memória = 1322284934 -- Valor da matriz = n Endereço de memória = 1322284935 -- Valor da matriz = g
Análise	Os dados são armazenados utilizando Array.

Neste exemplo, o ponteiro *tl é declarado e é-lhe atribuído um valor String. Agora, o próximo passo é armazenar o valor do ponteiro *tpointer .

Programa	Escreva um programa para armazenar uma cadeia de caracteres e ponteiros.
Código	#include <stdio.h> int main(void) { char *t1 = "Aprendizagem"; // Matriz de ponteiros

	char *tpointer = t1; // Matriz de ponteiro
	while(*tpointer != '\0') {
	printf("Endereço de memória = %d ", tpointer);
	printf("-- Valor da matriz = %c\n", *tpointer); tpointer++;
	} return 0;
	}

Saída	Endereço de memória = 436768772 -- Valor da matriz = L Endereço de memória = 436768773 -- Valor da matriz = e Endereço de memória = 436768774 -- Valor da matriz = a Endereço de memória = 436768775 -- Valor da matriz = r Endereço de memória = 436768776 -- Valor da matriz = n Endereço de memória = 436768777 -- Valor da matriz = i Endereço de memória = 436768778 -- Valor da matriz = n Endereço de memória = 436768779 -- Valor da matriz = g
Análise	É declarada uma matriz de ponteiros e é atribuído um valor String.

Resumo:

- As cadeias de caracteres e os ponteiros podem ser utilizados simultaneamente.

Os ponteiros acedem ao endereço de memória e as operações de cadeia de caracteres podem ser efectuadas através deles.

Conjunto de cadeias de caracteres:

As matrizes de cadeia de caracteres funcionam como uma matriz. O exemplo seguinte ilustra o mecanismo de funcionamento. Pode ser entendido como uma matriz de 3*10. De uma forma simples, é possível aceder diretamente à matriz.

Programa	Escreva um programa para explicar Arrays of string.

Código	#include <stdio.h>
	int main(void) {
	char t1[3][10] = {
	"naveen",
	"Naga",
	"Laxmi",
	};
	printf(" **** First String ************\n");
	printf("Valor da variável t1 = %c\n", t1[0][0]);
	printf("Valor da variável t1 = %c\n", t1[0][1]);
	printf("Valor da variável t1 = %c\n", t1[0][2]);
	printf("Valor da variável t1 = %c\n", t1[0][3]);
	printf("Valor da variável t1 = %c\n", t1[0][4]);
	printf("Valor da variável t1 = %c\n", t1[0][5]);
	printf("Valor da variável t1 = %c\n", t1[0][6]);
	printf("Valor da variável t1 = %c\n", t1[0][7]);
	printf("Valor da variável t1 = %c\n", t1[0][8]);
	printf(" **** Próxima cadeia de caracteres ************\n");
	printf("Valor da variável t1 = %c\n", t1[1][0]);
	printf("Valor da variável t1 = %c\n", t1[1][1]);

	printf("Valor da variável t1 = %c\n", t1[1][2]); printf("Valor da variável t1 = %c\n", t1[1][3]); printf("Valor da variável t1 = %c\n", t1[1][4]); printf("Valor da variável t1 = %c\n", t1[1][5]); printf("Valor da variável t1 = %c\n", t1[1][6]); printf("Valor da variável t1 = %c\n", t1[1][7]); printf("Valor da variável t1 = %c\n", t1[1][8]); printf(" **** Próxima cadeia de caracteres ************\n"); printf("Valor da variável t1 = %c\n", t1[2][0]);
	printf("Valor da variável t1 = %c\n", t1[2][1]); printf("Valor da variável t1 = %c\n", t1[2][2]); printf("Valor da variável t1 = %c\n", t1[2][3]); printf("Valor da variável t1 = %c\n", t1[2][4]); printf("Valor da variável t1 = %c\n", t1[2][5]); printf("Valor da variável t1 = %c\n", t1[2][6]); printf("Valor da variável t1 = %c\n", t1[2][7]); printf("Valor da variável t1 = %c\n", t1[2][8]); return 0; }
Saída	* *** Primeira corda ************ Variável t1 valor = n Variável t1 valor = a Valor da variável t1 = v Variável t1 valor = e Variável t1 valor = e Variável t1 valor = n Variável t1 valor = Variável t1 valor = Variável t1 valor = * *** Próxima cadeia de caracteres ************ Variável t1 valor = N Variável t1 valor = a Variável t1 valor = g Variável t1 valor = a Variável t1 valor = Variável t1 valor = Variável t1 valor = Variável t1 valor = Variável t1 valor = * *** Próxima cadeia de caracteres ************ Variável t1 valor = L Variável t1 valor = a Variável t1 valor = x Variável t1 valor = m Variável t1 valor = i Variável t1 valor =

	Variável t1 valor = Variável t1 valor = Variável t1 valor =
Análise	As colunas vazias são apresentadas com valores nulos.

O processo acima parece complexo e não muito lógico, a melhor maneira é a utilização de loops, que tornará o programa simples e mais lógico. Este exemplo explica a utilização de loops. Um dos loops irá mover-se da esquerda para a direita até que o último dígito seja zero, zero indica o fim da cadeia. Outro loop irá

Mantém o registo até à parte inferior da matriz. O exemplo seguinte mostra o processo completo.

	0	1	2	3	4	5	6	7	8	9
0	n	a	v	e	e	n	\0			
1	N	a	g	a	\0					
2	L	a	x	m	i	\0				

Programa	Escreva um programa para explicar Arrays of string.

Código	#include <stdio.h> int main(void) {
	char t1[3][10] = { "naveen", "Naga", "Laxmi", };
	int i = 0;
	for (i = 0; i < 3; i++) { // Primeiro ciclo
	int j = 0;
	while (*(t1[i] + j) != '\0') { // Segundo ciclo
	printf("%c", *(t1[i]+j));
	j++;
	} printf("\n");
	} return 0;
	}

Saída	naveen Naga
	Laxmi
Análise	São utilizados dois loops para aceder a valores String. Requer uma cadeia de caracteres, tal como a matriz.

Resumo:

- As cadeias de caracteres podem ser utilizadas como uma matriz.
- A matriz de caracteres é uma cadeia de caracteres.
- O último dígito é zero, o que indica o fim da cadeia.

String Em funções de compilação.

A cadeia de caracteres tem algumas funções incorporadas fornecidas pelo compilador. Algumas das caraterísticas são comuns no comportamento da cadeia de caracteres e úteis em toda a programação. Para utilizar estas funções, o programador tem de as chamar ou simplesmente utilizá-las no local apropriado.

Programa	Escreva um programa para explicar as funções da cadeia de caracteres.
Código	#include <stdio.h>

	int main(void) { char t1[7] = {"naveen"}; char t2[5] = {"Naga"}; char t3[6] = {"Laxmi"}; printf("Compreender as funções de cadeia de caracteres n"); printf("Comprimento da cadeia de caracteres strlen função\n"); printf("Comprimento da cadeia de caracteres t1= %d\n" , strlen(t1)); printf("Comprimento da cadeia de caracteres t1= %d\n" , strlen(t2)); printf("Comprimento da cadeia de caracteres t1= %d\n" , strlen(t3)); printf("A função String Copy strcpy copia a String t2 para a String t1 \n"); printf("Cópia de cadeia = %c\n" , strcpy(t1,t2)); printf("Valor da variável t1 = %c\n", t1[0]); printf("Valor da variável t1 = %c\n", t1[1]); printf("Valor da variável t1 = %c\n", t1[2]); printf("Valor da variável t1 = %c\n", t1[3]);
	printf("Valor da variável t1 = %c\n", t1[4]); printf("Valor da variável t1 = %c\n", t1[5]); printf("Valor da variável t1 = %c\n", t1[6]); printf("Valor da variável t1 = %c\n", t1[7]); retorno 0; }
Saída	Compreender as funções String Comprimento da cadeia de caracteres função strlen Comprimento da cadeia t1= 6 Comprimento da cadeia t1= 4 Comprimento da cadeia de caracteres t1= 5 Cópia de String A função strcpy copia a String t2 para a String t1 String Copy = Variável t1 valor = N Variável t1 valor = a Variável t1 valor = g Variável t1 valor = a Variável t1 valor = Variável t1 valor = n Variável t1 valor = Variável t1 valor =
Análise	O valor de t2 é copiado para t1, mas t1 é maior em tamanho, pelo que os restantes espaços não serão afectados. O valor de t2 não será alterado.

O programa seguinte também ilustra a utilização de funções na cadeia de caracteres.

Programa	Escreva um programa para explicar as funções da cadeia de caracteres.

Código	#include <stdio.h> int main(void) { char t1[15] = {"naveen"}; char t2[12] = {"Naga"}; char t3[8] = {"Laxmi"};
	printf("Compreender as funções da cadeia de caracteres\n"); printf("Função strcat de conetividade da cadeia de caracteres\n");

	// strcat(t1,t2);
	printf("Print String conconation= %c\n" , strcat(t2,t3));
	printf("Valor da variável t2 = %c\n", t2[0]); printf("Valor da variável t2 = %c\n", t2[1]); printf("Valor da variável t2 = %c\n", t2[2]); printf("Valor da variável t2 = %c\n", t2[3]);

	printf("Valor da variável t2 = %c\n", t2[4]); printf("Valor da variável t2 = %c\n", t2[5]); printf("Valor da variável t2 = %c\n", t2[6]); printf("Valor da variável t2 = %c\n", t2[7]); printf("Valor da variável t2 = %c\n", t2[8]); printf("Valor da variável t2 = %c\n", t2[9]); printf("Valor da variável t2 = %c\n", t2[10]); printf("Valor da variável t2 = %c\n", t2[11]); return 0; }
Saída	Compreender as funções de String Conação de String função strcat Imprimir conação de String= Variável t2 valor = N Variável t2 valor = a Variável t2 valor = g Variável t2 valor = a Variável t2 valor = L Variável t2 valor = a Variável t2 valor = x Variável t2 valor = m Variável t2 valor = i Variável t2 valor = Variável t2 valor = Variável t2 valor =
Análise	String t2 adicionada com String t3.

A cadeia de caracteres tem muitas funções incorporadas. Algumas das funções são as seguintes.

1. strcmp(str1, str2) : Compara a primeira cadeia de caracteres com a segunda. Se as cadeias forem iguais, devolve 0.
2. strcat(s1, s2): Concatena a string s1 com a string s2 e o resultado é armazenado na primeira string.
3. strlwr() Converte a cadeia de caracteres em minúsculas.
4. strupr() Converte a cadeia de caracteres em maiúsculas.
5. strstr(s1, s2) Encontra a primeira ocorrência de s2 em s1.

Os próximos programas explicarão a utilização de funções na cadeia de caracteres.

Programa	Escreva um programa para explicar funções na cadeia de caracteres
Código	#include <stdio.h>
	#include <string.h> int main() { char t1[15] = {"NavEEn"};

	char t2[15] = {}; printf("N.º de caracteres na cadeia de caracteres = %d \n" , strlen(t1)); printf("Tamanho da cadeia de caracteres = %d \n" , sizeof(t1)); printf("Copiar cadeia de caracteres de uma variável para outra =\n" , strcpy(t2,t1)); printf("Valor de t2 após comando de cópia = %s\n" , t2); retorno 0; }
Saída	Número de caracteres na cadeia de caracteres = 6 Tamanho da cadeia = 15 Copiar uma cadeia de caracteres de uma variável para outra =. Valus de t2 após comando de cópia = NavEEn
Análise	Utilização de funções da biblioteca c

Os próximos programas explicarão a utilização de funções na cadeia de caracteres.

Programa	Escreva um programa para explicar funções na cadeia de caracteres

Código	#include <stdio.h>
	#include <string.h>
	int main() {
	char t1[15] = {"NavEEn"};
	char t2[15] = {"LakSHmi"};
	printf("Conação da cadeia de caracteres = %s\n",t1);
	printf("Conação da cadeia de caracteres = %s\n",t2);
	strcat(t1,t2);
	printf("Conação da cadeia de caracteres = %s\n",t1);
	printf("Conação da cadeia de caracteres = %s\n",t2);

	retorno 0; }
Saída	String Conconation = NavEEn String Conconation = LakSHmi String Conconation = NavEEnLakSHmi String Conconation = LakSHmi
Análise	Conjugação de cordas.

Resumo:

- As cadeias de caracteres podem ser utilizadas como uma matriz.
- A matriz de caracteres é uma cadeia de caracteres.
- O último dígito é zero, o que indica o fim da cadeia.
- O compilador C fornece funções incorporadas para as operações String.

Matrizes e funções

Descrição do problema: como utilizar as funções in-build na programação em C.

Um único elemento de uma matriz pode ser passado de forma semelhante à passagem de uma variável para uma função.

Programa	Escreva um programa para explicar as funções de cópia de cadeia de caracteres

Código	#include <stdio.h>
	#include <string.h>
	int main() {
	char ct01[] = "Aprender String em C";
	char ct02[25];
	strcpy(ct02,ct01);
	printf(" Value in the ct02 String is: %s\n", ct02); return 0;
	}

Saída	O valor da String ct02 é: Aprendendo String em C
Análise	Utilização de cópia de cordas.

O programa seguinte também ilustra a utilização das cadeias de caracteres no programa.

Programa	Escrever um programa para comparar o comprimento de uma cadeia de caracteres

Código	#include <stdio.h>
	#include <string.h>
	int main() {
	char ct01[] = " AAAA";
	char ct02[] = "BBBBB";
	int result = strcmp(ct01, ct02);
	se(resultado == 0) {
	printf(" Ambos são iguais em comprimento.\n");
	}
	senão se(resultado < 0) {
	printf("ct01 é mais pequeno em comprimento.\n");
	}
	senão {
	printf("ct01 é maior em comprimento.\n");
	}
	retorno 0;
	}

Saída	ct01 é mais pequeno em comprimento.

As cadeias de caracteres necessitam de conversão de caracteres de maiúsculas para minúsculas e vice-versa.

Programa	Escreva um programa para converter letras minúsculas.

Código	#include <stdio.h>
	#include <string.h>
	int main() {
	char ct01[] = "AAAA";
	char ct02 = tolower('A');
	printf(" Depois de converter as minúsculas :>> %c", ct02);
	retorno 0;
	}

Saída	Depois de converter as minúsculas :>> a
Programa	Escreva um programa para converter letras minúsculas.
Código	#include <stdio.h>

	#include <string.h>
	int main() {
	char ct01[] = "STRING funCTIONS";
	int ct02 = strlen(ct01);
	for (int i = 0; i < ct02; i++) {
	ct01[i] = tolower(ct01[i]);
	}
	printf(" Após a conversão:" %s\n", ct01);
	retorno 0;
	}

Saída	Após a conversão:" funções de cadeia

Resumo:

- As cadeias de caracteres têm funções incorporadas.
- Para operações comuns, é utilizado.

Exercício de laboratório:

Exercícios: Escreva um programa para

- Encontrar o elemento mínimo e máximo de uma matriz.
- Implementar a pesquisa linear.
- Ordena uma matriz por ordem decrescente.
- Dada uma matriz bidimensional de números inteiros e um índice de linha, devolve o maior elemento em
- essa linha.
- Encontrar a transposição de uma matriz.
- Efetuar a multiplicação de duas matrizes
- Contar o número total de vogais e consoantes numa cadeia de caracteres.
- Inverte a cadeia de caracteres dada sem utilizar funções de tratamento de cadeias de caracteres.
- Ordena as cadeias de caracteres por ordem de dicionário.
- Para efetuar a adição de duas matrizes.
- Ler uma matriz de elementos de tamanho 'n' e encontrar o maior e o menor número utilizando funções.
- encontrar o número total de alfabetos, dígitos ou caracteres especiais numa cadeia utilizando a função.

+++

Capítulo 02: Matrizes em detalhes

Há um interesse próprio por detrás de cada amizade. Não há amizade sem interesses próprios. Esta é uma verdade amarga..:   Chanakya

Objectivos de aprendizagem:

Após a conclusão desta unidade, o aluno será capaz de

- As matrizes podem ser aplicadas com outros tipos de dados, etc.
- Matrizes com cadeias de caracteres, etc.

Aceder a uma matriz utilizando ponteiros

Descrição do problema: Aprendi arrays em capítulos anteriores e ponteiros noutro capítulo. Posso utilizar ambos num único programa?

A matriz pode ser acedida através de ponteiros e pode ser utilizada para imprimir valores. O exemplo seguinte mostra a utilização de ponteiros para descobrir valores.

Programa	Escreva um programa para armazenar uma cadeia de caracteres e ponteiros.

Código	#include <stdio.h> int main(void) { char t1[8] = "Aprendizagem"; // Matriz de string char *tpointer = t1; // Matriz de ponteiro
	while(*tpointer != '\0') {
	printf("Endereço de memória = %d ", tpointer); printf("-- Valor da matriz = %c\n", *tpointer); tpointer++;
	}
	retorno 0;
	}

Saída	Endereço de memória = 1322284928 -- Valor da matriz = L Endereço de memória = 1322284929 -- Valor da matriz = e Endereço de memória = 1322284930 -- Valor da matriz = a Endereço de memória = 1322284931 -- Valor da matriz = r Endereço de memória = 1322284932 -- Valor da matriz = n Endereço de memória = 1322284933 -- Valor da matriz = i Endereço de memória = 1322284934 -- Valor da matriz = n Endereço de memória = 1322284935 -- Valor da matriz = g
Análise	Os dados são armazenados utilizando Array.

Neste exemplo, o ponteiro *t1 é declarado e é-lhe atribuído um valor String. Agora, na próxima etapa, o ponteiro seguinte *tpointer está a armazenar o valor deste ponteiro.

Programa	Escreva um programa para armazenar uma cadeia de caracteres e ponteiros.

Código	#include <stdio.h> int main(void) {
	char *t1 = "Aprendizagem"; // Matriz de ponteiros char *tpointer = t1; // Conjunto de ponteiros
	while(*tpointer != '\0') {
	printf("Endereço de memória = %d ", tpointer); printf("-- Valor da matriz = %c\n", *tpointer);

	tpointer++;
	}
	retorno 0;
	}

Saída	Endereço de memória = 436768772 -- Valor da matriz = L

	Endereço de memória = 436768773 -- Valor da matriz = e Endereço de memória = 436768774 -- Valor da matriz = a Endereço de memória = 436768775 -- Valor da matriz = r Endereço de memória = 436768776 -- Valor da matriz = n Endereço de memória = 436768777 -- Valor da matriz = i Endereço de memória = 436768778 -- Valor da matriz = n Endereço de memória = 436768779 -- Valor da matriz = g
Análise	É declarada uma matriz de ponteiros e é atribuído um valor String.

Conjunto de cadeias de caracteres:

Os arrays de String funcionam como uma matriz, no exemplo seguinte ilustramos o mecanismo de funcionamento. Pode ser entendido como uma matriz de 3*10. De uma forma simples, é possível aceder diretamente à matriz.

Programa	Escreva um programa para explicar Arrays of string.
Código	#include <stdio.h> int main(void) { char t1[3][10] = { "naveen", "Naga", "Laxmi", }; printf(" **** Primeira cadeia de caracteres ************\n"); printf("Valor da variável t1 = %c\n", t1[0][0]); printf("Valor da variável t1 = %c\n", t1[0][1]); printf("Valor da variável t1 = %c\n", t1[0][2]); printf("Valor da variável t1 = %c\n", t1[0][3]); printf("Valor da variável t1 = %c\n", t1[0][4]); printf("Valor da variável t1 = %c\n", t1[0][5]); printf("Valor da variável t1 = %c\n", t1[0][6]); printf("Valor da variável t1 = %c\n", t1[0][7]); printf("Valor da variável t1 = %c\n", t1[0][8]); printf(" **** Próxima cadeia de caracteres ************\n");

```
printf("Valor da variável t1 = %c\n", t1[1][0]);
printf("Valor da variável t1 = %c\n", t1[1][1]);
printf("Valor da variável t1 = %c\n", t1[1][2]);
printf("Valor da variável t1 = %c\n", t1[1][3]);
printf("Valor da variável t1 = %c\n", t1[1][4]);
printf("Valor da variável t1 = %c\n", t1[1][5]);
printf("Valor da variável t1 = %c\n", t1[1][6]);
printf("Valor da variável t1 = %c\n", t1[1][7]);
printf("Valor da variável t1 = %c\n", t1[1][8]);
printf(" **** Próxima cadeia de caracteres ************\n");
printf("Valor da variável t1 = %c\n", t1[2][0]);
printf("Valor da variável t1 = %c\n", t1[2][1]);
printf("Valor da variável t1 = %c\n", t1[2][2]);
printf("Valor da variável t1 = %c\n", t1[2][3]);
printf("Valor da variável t1 = %c\n", t1[2][4]);
printf("Valor da variável t1 = %c\n", t1[2][5]);
printf("Valor da variável t1 = %c\n", t1[2][6]);
printf("Valor da variável t1 = %c\n", t1[2][7]);
printf("Valor da variável t1 = %c\n", t1[2][8]); return 0;
}
```

Saída

**** Primeira corda ************ Variável t1 valor = n Variável t1 valor = a Valor da variável t1 = v Variável t1 valor = e Variável t1 valor = e Variável t1 valor = n Variável t1 valor = Variável t1 valor = Variável t1 valor = **** Cadeia seguinte ************ Variável t1 valor = N Variável t1 valor = a Variável t1 valor = g Variável t1 valor = a Variável t1 valor = Variável t1 valor = Variável t1 valor = Variável t1 valor = Variável t1 valor =	
	**** Cadeia seguinte ************ Variável t1 valor = L Variável t1 valor = a Variável t1 valor = x Variável t1 valor = m Variável t1 valor = i Variável t1 valor = Variável t1 valor = Variável t1 valor = Variável t1 valor =
Análise	As colunas vazias são apresentadas com valores nulos.

O processo acima parece complexo e não muito lógico, a melhor maneira é a utilização de loops, que tornará o programa simples e mais lógico. Este exemplo explica a utilização de loops. Um dos loops irá mover-se da esquerda para a direita até que o último dígito seja zero, zero indica o fim da cadeia. Outro ciclo irá

Mantém o registo até à parte inferior da matriz. O exemplo seguinte mostra o processo completo.

	0	1	2	3	4	5	6	7	8	9
0	n	a	v	e	e	n	\0			
1	N	a	g	a	\0					
2	L	a	x	m	i	\0				

Programa	Escreva um programa para explicar Arrays of string.

Código	#include <stdio.h> int main(void) {
	char t1[3][10] = {
	"naveen",
	"Naga", "Laxmi", };
	int i = 0;
	for (i = 0; i < 3; i++) { // Primeiro ciclo
	int j = 0;

	while (*(t1[i] + j) != '\0') { // Segundo ciclo
	printf("%c", *(t1[i]+j));
	j++;
	
	}
	printf("\n");
	}
	retorno 0;
	}

Saída	naveen Naga Laxmi
Análise	São utilizados dois loops para aceder a valores String. Exige uma compreensão idêntica à da matriz.

A cadeia de caracteres tem algumas funções incorporadas fornecidas pelo compilador. Algumas das caraterísticas são comuns no comportamento da cadeia de caracteres e úteis em toda a programação. Para utilizar estas funções, o programador tem de as chamar ou simplesmente utilizá-las no local apropriado.

Programa	Escreva um programa para explicar as funções da cadeia de caracteres.
Código	#include <stdio.h> int main(void) { char t1[7] = {"naveen"}; char t2[5] = {"Naga"}; char t3[6] = {"Laxmi"}; printf("Compreender funções de cadeia de caracteres\n"); printf("Comprimento da cadeia de caracteres strlen função\n"); printf("Comprimento da cadeia de caracteres t1= %d\n" , strlen(tl)); printf("Comprimento da cadeia de caracteres t1= %d\n" , strlen(t2)); printf("Comprimento da cadeia de caracteres t1= %d\n" , strlen(t3)); printf("A função String Copy strcpy copia a String t2 para a String t1 \n"); printf("Cópia de cadeia = %c\n" , strcpy(t1,t2)); printf("Valor da variável t1 = %c\n", t1[0]); printf("Valor da variável t1 = %c\n", t1[1]); printf("Valor da variável t1 = %c\n", t1[2]); printf("Valor da variável t1 = %c\n", t1[3]); printf("Valor da variável t1 = %c\n", t1[4]);
	printf("Valor da variável t1 = %c\n", t1[5]); printf("Valor da variável t1 = %c\n", t1[6]); printf("Valor da variável t1 = %c\n", t1[7]); retorno 0;

	}
Saída	Compreender as funções String Comprimento da cadeia de caracteres função strlen Comprimento da cadeia t1= 6 Comprimento da cadeia t1= 4 Comprimento da cadeia de caracteres t1= 5 Cópia de String A função strcpy copia a String t2 para a String t1 String Copy = Variável t1 valor = N Variável t1 valor = a Variável t1 valor = g Variável t1 valor = a Variável t1 valor = Variável t1 valor = n Variável t1 valor = Variável t1 valor =
Análise	O valor de t2 foi copiado para t1, mas t1 é maior no interior, pelo que os restantes espaços não serão afectados. O valor de t2 não será alterado.

O programa acima explica as funções in-build e as suas utilizações. No programa seguinte, explica-se também a utilização das funções in-build na String.

Programa	Escreva um programa para explicar as funções da cadeia de caracteres.

Código	#include <stdio.h> int main(void) { char t1[15] = {"naveen"}; char t2[12] = {"Naga"}; char t3[8] = {"Laxmi"};
	printf("Compreender as funções da cadeia de caracteres\n"); printf("Função strcat de conetividade da cadeia de caracteres\n");
	// strcat(t1,t2);
	printf("Print String conconation= %c\n" , strcat(t2,t3)); printf("Valor da variável t2 = %c\n", t2[0]);
	printf("Valor da variável t2 = %c\n", t2[1]); printf("Valor da variável t2 = %c\n", t2[2]); printf("Valor da variável t2 = %c\n", t2[3]);

	printf("Valor da variável t2 = %c\n", t2[4]); printf("Valor da variável t2 = %c\n", t2[5]); printf("Valor da variável t2 = %c\n", t2[6]); printf("Valor da variável t2 = %c\n", t2[7]); printf("Valor da variável t2 = %c\n", t2[8]); printf("Valor da variável t2 = %c\n", t2[9]); printf("Valor da variável t2 = %c\n", t2[10]); printf("Valor da variável t2 = %c\n", t2[11]); return 0; }
Saída	Compreender as funções de String Conação de String função strcat Imprimir conação de String= Variável t2 valor = N Variável t2 valor = a Variável t2 valor = g Variável t2 valor = a

	Variável t2 valor = L Variável t2 valor = a Variável t2 valor = x Variável t2 valor = m Variável t2 valor = i Variável t2 valor = Variável t2 valor = Variável t2 valor =
Análise	String t2 adicionada com String t3.

Resumo:

- String é um conjunto de caracteres.
- As matrizes podem ser utilizadas em String.
- Os ponteiros podem ser utilizados com String.

Funções em String

O ficheiro de cabeçalho String tem muitas funções de construção. Estas podem ser aplicadas diretamente nos programas. Existem muitas caraterísticas e requisitos comuns em todos os programas, tais requisitos são totalmente preenchidos com funções de compilação. Aqui são discutidas e aplicadas algumas das funções mais usadas e frequentes através de programas.

Funções strlen, sizeof, strcpy

Este programa explica a utilização das três funções de construção acima referidas de uma forma simples e fácil.

Strlen dá-lhe o comprimento da cadeia de caracteres, size of dá-lhe o tamanho e strcpy copia a cadeia de caracteres de uma variável para outra variável.

rograma	Escreva um programa para explicar funções na cadeia de caracteres

Código	#include <stdio.h>
	#include <string.h>
	int main() {
	char t1[15] = {"NavEEn"};
	char t2[15] = {};
	printf("N.º de caracteres na cadeia de caracteres = %d \n" , strlen(t1));
	printf("Tamanho da cadeia de caracteres = %d \n" , sizeof(t1));
	printf("Copiar cadeia de caracteres de uma variável para outra =\n" ,
	strcpy(t2,t1));
	printf("Valor de t2 após comando de cópia = %s\n" , t2);
	retorno 0;
	}

Saída	Número de caracteres na cadeia de caracteres = 6 Tamanho da cadeia = 15 Copiar uma cadeia de caracteres de uma variável para outra =. Valus de t2 após comando de cópia = NavEEn
Análise	Utilização de funções da biblioteca c

Função Strcat:

Esta é uma função de concatenação de cadeias de caracteres,

Programa	Escreva um programa para explicar funções na cadeia de caracteres
Código	#include <stdio.h> #include <string.h> int main() { char t1[15] = {"NavEEn"}; char t2[15] = {"LakSHmi"}; printf("Conação da cadeia de caracteres = %s\n",t1); printf("Conação da cadeia de caracteres = %s\n",t2);

	strcat(t1,t2);
	printf("Conação da cadeia de caracteres = %s\n",t1);
	printf("Conação da cadeia de caracteres = %s\n",t2);
	retorno 0;
	}

Saída	String Conconation = NavEEn String Conconation = LakSHmi String Conconation = NavEEnLakSHmi String Conconation = LakSHmi

Matrizes e ponteiros:

As matrizes têm muitas utilizações e são uma estrutura de dados que pode ser aplicada em muitos sítios. As matrizes podem ser de qualquer tipo de dados, como inteiro, char, float, etc. Os ponteiros armazenam o endereço das variáveis. O endereço é um número inteiro. Se o endereço for maior no programa, serão necessárias mais variáveis de ponteiro para o armazenar. Assim, os ponteiros podem ser utilizados e aplicados nas matrizes.

Descrição do problema: como utilizar ponteiros ou aplicar ponteiros em arrays.

O exemplo seguinte mostra a utilização de matrizes para armazenar os valores e a utilização de ponteiros para encontrar a soma de todos os valores armazenados na matriz.

array name	Value	Pointer , Memory Address
count[0]	5	410185648
count[1]	23	
count[2]	19	
count[3]	6	
count[4]	2	
count[5]	12	
count[6]	3	
count[7]	22	
count[8]	13	
count[9]	8	

Escreva um programa para descobrir o endereço de memória e explique a sua utilização.

Programa	Escrever um programa para mostrar a utilização de arrays e ponteiros.
Código	#include <stdio.h> main() { int i,*p,sum=0;
	int count[10] = {5,23,19,6,2,12,3,22,13,8};

	p = contagem;
	printf("Endereço de memória da contagem: %d\n",p);
	printf("Valor no endereço de memória da contagem: %d\n",*p);
	for(i=0; i<10; i++)
	{
	soma = soma + *p;
	p++;
	}
	printf("\nA soma é : %d" , soma); return 0;
	}

Saída	Endereço de memória da contagem: 410185648 Valor no endereço de memória da contagem: 5 A soma é: 113

O programa acima mostra a utilização do endereço de memória para encontrar o valor nesse endereço de memória e utilizá-lo no programa.

Programa	Escrever um programa para mostrar a utilização de arrays e ponteiros.

Código	#include <stdio.h>
	principal() {
	int i,*p,sum=0;
	int count[10] = {3, 5,13,19,6,2,12,23,2,13,8};
	p = contagem;
	for(i=0; i<10; i++)
	{
	soma = soma + *p;
	printf("Valor da matriz:%d", count[i]);
	printf(" O endereço da memória é: %d\n", p);
	p++;
	}
	printf("\nA soma é : %d" , soma);
	retorno 0;
	}

Saída	Valor da matriz:3 O endereço de memória é: 1045851008 Valor da matriz:5 O endereço de memória é: 1045851012 Valor da matriz:13 O endereço de memória é: 1045851016
	Valor da matriz:19 O endereço de memória é: 1045851020 Valor da matriz:6 O endereço de memória é: 1045851024 Valor da matriz:2 O endereço de memória é: 1045851028 Valor da matriz:12 O endereço de memória é: 1045851032 Valor da matriz:23 O endereço de memória é: 1045851036 Valor da matriz:2 O endereço de memória é: 1045851040 Valor da matriz:13 O endereço de memória é: 1045851044 A soma é: 98

Resumo:

- Os ponteiros podem ser utilizados com a matriz.
- As matrizes são uma estrutura de dados básica que pode ser aplicada em muitos sítios.
- Os ponteiros podem ser utilizados para aceder ao valor de uma variável.

Matrizes e funções

As funções, tal como discutido na última unidade, são pequenas partes de código escritas com um objetivo específico. Estão a fazer uma tarefa que pode ser usada repetidamente. Assim, existem algumas possibilidades, como se segue. As funções aceitam parâmetros de entrada. Assim

- Uma matriz pode ser passada como parâmetro de entrada.
- As matrizes multidimensionais também podem ser passadas como parâmetros de entrada.

Descrição do problema: nas funções, passei um ou mais valores, posso passar uma matriz como parâmetro de entrada nas funções.

Programa	Escreva um programa para mostrar a utilização de cadeias de caracteres e funções.

Código	`#include <stdio.h>`
	`#include <string.h> int main(void) {`
	`char t1[] = "Aprender a programar em C";`
	`showInputString(t1);`
	`retorno 0;`
	`}`
	`// Função que aceita o Steing como entrada`

	`void showInputString(char str[]) { printf("String = %s\n", str);` `}`
Saída	String = Aprender programação C
Análise	Utilização de uma função para passar uma cadeia de caracteres como parâmetro

Este programa ilustra a utilização de uma função com cadeias de caracteres.

Programa	Escreva um programa que mostre a utilização de cadeias de caracteres e funções.

Código	`#include <stdio.h>`
	`#include <string.h> int main(void) {`
	`char t1[15] = {"naveen"};`
	`char t2[12] = {"Naga"};`
	`char t3[8] = {"Laxmi"};`
	`showInputString(t1);`
	`showInputString(t2);`
	`showInputString(t3);`
	`retorno 0;`
	`}`
	`// Função que aceita Steing como entrada void showInputString(char str[]) {`
	`printf("String = %s\n", str);`
	`}`

Saída	String = naveen String = Naga String = Laxmi
Análise	Utilização de uma função para passar uma cadeia de caracteres como parâmetro.

Resumo:

- As funções estão disponíveis com arrays.

Matrizes de estrutura:

As estruturas são utilizadas para combinar duas ou três variáveis numa única unidade. Estas ajudam a melhorar o programa e a resolver o problema. As matrizes são a sequência de elementos homogéneos ou do mesmo tipo. Assim, as matrizes podem ser criadas a partir do tipo de dados estrutura

Exposição do problema: : Utilizei uma estrutura e utilizei-a para alguns dos exemplos. Posso utilizar uma matriz de estrutura na programação?

Nos últimos exemplos, foi utilizada a seguinte estrutura.

```
struct estudante {
char name[50];
rolo de int;
marcas de flutuação;
};
```

Uma estrutura única pode ser entendida como uma unidade combinada de três variáveis diferentes que funcionam como uma única grande unidade.

Programa	Escreva um programa para demonstrar uma matriz de estrutura.

Código	#include <stdio.h>
	// Matriz de estrutura
	int main() {
	struct estudante {
	char name[50];
	rolo de int;
	marcas int;
	};
	struct estudante st[5];
	printf("Tamanho da unidade única na estrutura = %d\n",sizeof(st[0]));
	printf("Tamanho da unidade única na estrutura = %d\n",sizeof(st[1]));
	printf("Tamanho da unidade única na estrutura = %d\n",sizeof(st[2]));
	printf("Tamanho da unidade única na estrutura = %d\n",sizeof(st[3]));

	printf("Tamanho da unidade única na estrutura = %d\n",sizeof(st[4]));
	printf("Tamanho total da estrutura = %d\n",sizeof(st));
	// Atribuição de valores à estrutura
	st[0] = (const struct student){"Neha", 100, 15};
	st[1] = (const struct aluno){"Naga", 101, 25};
	st[2] = (const struct aluno){"SIVA", 102, 35};
	st[3] = (const struct student){"DhruviKA",103, 32};
	st[4] = (const struct estudante){"Laxmi", 104,45};
	printf("Nome do primeiro elemento = %s\n",st[0].name);
	printf("Rolo do primeiro elemento = %d\n",st[0].rolo);

	printf("Marcas do primeiro elemento = %d\n",st[0].marcas); printf("Nome do segundo elemento = %s\n",st[1].name); printf("Rolo do segundo elemento = %d\n",st[1].rolo); printf("Marcas do segundo elemento = %d\n",st[1].marcas); printf("Nome do terceiro elemento = %s\n",st[2].name); printf("Rolo do terceiro elemento = %d\n",st[2].rolo); printf("Marcas do terceiro elemento = %d\n",st[2].marcas); printf("Nome do quarto elemento = %s\n",st[3].name); printf("Rolo do quarto elemento = %d\n",st[3].roll); printf("Marcas do quarto elemento = %d\n",st[3].marcas); printf("Nome do quinto elemento = %s\n",st[4].name); printf("Rolo do quinto elemento = %d\n",st[4].roll); printf("Marcas do quinto elemento = %d\n",st[4].marcas); retorno 0; }
Saída	Tamanho da unidade individual na estrutura = 60 Tamanho da unidade individual na estrutura = 60 Tamanho da unidade individual na estrutura = 60 Tamanho da unidade individual na estrutura = 60 Tamanho da unidade individual na estrutura = 60 Tamanho total da estrutura = 300 Nome do primeiro elemento = Neha Rolo do primeiro elemento = 100 Marcas do primeiro elemento = 15 Nome do segundo elemento = Naga Rolo do segundo elemento = 101

Marcas do segundo elemento = 25
Nome do terceiro elemento = SIVA
Rolo do Terceiro Elemento = 102
Marcas do terceiro elemento = 35
Nome do quarto elemento = DhruviKA
Rolo do Quarto Elemento = 103
Marcas do quarto elemento = 32
Nome do quinto elemento = Laxmi
Rolo do Quinto Elemento = 104
Marcas do Quinto Elemento = 45
Análise

st[O]	**Neha**	**100**	15
st[I]	**Naga**	**101**	25
st[2]	**SIVA**	**102**	35
st[3]	**DhruviKA**	**103**	32
st[4]	**Laxmi**	**104**	45
Tipo **de dados**	char	**int**	**flutuar**
Nome	nome	rolo	marcas
	60 espaço de memória		

Mais do que uma variável pode ser vista ou compreendida da seguinte forma.

Nome			
st[O]	nome	rolo	marcas

st[l]	nome	rolo	marcas
st[2]	nome	rolo	marcas
st[3]	nome	rolo	marcas
st[4]	nome	rolo	marcas

Uma matriz de estrutura declarada e, em seguida, os dados são atribuídos através da atribuição de matriz .

Não é necessário introduzir sempre os dados do teclado.

Resumo:

- A estrutura é a combinação das duas três variáveis individuais,
- A estrutura é uma grande unidade com muitos tipos de dados sun individuais, mas comporta-se como uma única unidade.
- As matrizes podem ser declaradas com um tipo de dados de estrutura.

Matrizes e União:

A união é idêntica à estrutura em termos de natureza e conceito. Uma das principais diferenças é que a atribuição de memória na união é igual ao tamanho da memória do maior elemento individual nela contido.

```
união estudantil {
char name[50];
rolo de int;
marcas de flutuação;
};
```

Declaração do problema: Posso utilizar uniões como matrizes.

Programa	Escreva um programa para ilustrar Arrays e união.

Código	#include <stdio.h>
	// Matriz de união int main() { union student { char name[50]; int roll;
	marcas int;
	};
	union student st[5];
	printf("Tamanho da unidade única na união = %d\n",sizeof(st[0]));
	printf("Tamanho da unidade única na união = %d\n",sizeof(st[1]));
	printf("Tamanho da unidade única na união = %d\n",sizeof(st[2]));
	printf("Tamanho da unidade única na união = %d\n",sizeof(st[3]));
	printf("Tamanho da unidade única na união = %d\n",sizeof(st[4]));
	printf("Tamanho total da estrutura = %d\n",sizeof(st));
	retorno 0;

	}
Saída	Dimensão da unidade única na união = 52 Dimensão da unidade única na união = 52 Dimensão da unidade única na união = 52 Dimensão da unidade única na união = 52 Dimensão da unidade única na união = 52 Dimensão total da estrutura = 260

Programa	Escreva um programa para ilustrar Arrays e união.
Código	

```
#include <stdio.h>
// Matriz de uniões int main() {
união estudantil {
char name[50];
rolo de int;
marcas int;
};
union student st[5];
printf("Tamanho da unidade única na união = %d\n",sizeof(st[0]));
printf("Tamanho da unidade única na união = %d\n",sizeof(st[1]));
printf("Tamanho da unidade única na união = %d\n",sizeof(st[2]));
printf("Tamanho da unidade simples na união = %d\n",sizeof(st[3]));
printf("Tamanho da unidade simples na união = %d\n",sizeof(st[4]));
printf("Tamanho total da estrutura = %d\n",sizeof(st));
st[0] = (const union student){"Neha", 100, 15};
st[1] = (const union student){"Naga", 101, 25};
st[2] = (const union student){"SIVA", 102, 35};
st[3] = (const union student){"DhruviKA",103, 32};
st[4] = (const union student){"Laxmi", 104,45};
printf("Nome do primeiro elemento = %s\n",st[0].name);
printf("Rolo do primeiro elemento = %d\n",st[0].rolo);
printf("Marcas do primeiro elemento = %d\n",st[0].marcas);
printf("Nome do segundo elemento = %s\n",st[1].name);
printf("Rolo do segundo elemento = %d\n",st[1].rolo);
printf("Marcas do segundo elemento = %d\n",st[1].marcas);
printf("Nome do terceiro elemento = %s\n",st[2].name);
printf("Rolo do terceiro elemento = %d\n",st[2].rolo);
printf("Marcas do terceiro elemento = %d\n",st[2].marcas);
printf("Nome do quarto elemento = %s\n",st[3].name);
printf("Rolo do quarto elemento = %d\n",st[3].roll);
printf("Marcas do quarto elemento = %d\n",st[3].marcas);
printf("Nome do quinto elemento = %s\n",st[4].name);
printf("Rolo do quinto elemento = %d\n",st[4].roll);
printf("Marcas do quinto elemento = %d\n",st[4].marcas);
retorno 0;
}
```

Saída	Dimensão da unidade única na união = 52 Dimensão da unidade única na união = 52 Dimensão da unidade única na união = 52 Dimensão da unidade única na união = 52 Dimensão da unidade única na união = 52 Dimensão total da estrutura = 260 Nome do primeiro elemento = Neha Rolo do Primeiro Elemento = 1634231630

	Marcas do primeiro elemento = 1634231630
	Nome do segundo elemento = Naga Rolo do segundo elemento = 1634165070 Marcas do segundo elemento = 1634165070 Nome do terceiro elemento = SIVA Rolo do Terceiro Elemento = 1096173907 Marcas do terceiro elemento = 1096173907 Nome do quarto elemento = DhruviKA Rolo do Quarto Elemento = 1970432068 Marcas do quarto elemento = 1970432068 Nome do quinto elemento = Laxmi Rolo do Quinto Elemento = 1836605772 Marcas do Quinto Elemento = 1836605772

Programa	Escreva um programa para ilustrar Arrays e união.

Código	#include <stdio.h>
	// Matriz de união int main() { union student { char name[50]; int roll;
	marcas int;
	};
	union student st;
	printf("Tamanho de uma única unidade na união = %d\n",sizeof(st.name));
	printf("Tamanho total da estrutura = %d\n",sizeof(st));
	st = (const union student){"Neha",100,15}; printf("Nome do primeiro elemento = %s \n",st.name); printf("Rolo do primeiro elemento = %d \n",st.roll); printf("Notas do primeiro elemento = %d \n",st.marks); return 0;
	}

Saída	Tamanho da unidade única na união = 50 Dimensão total da estrutura = 52 Nome do primeiro elemento = Neha Rolo do Primeiro Elemento = 1634231630 Marcas do primeiro elemento = 1634231630
Análise	Apenas um membro do sindicato pode ter acesso de cada vez.

Sumário:

- As uniões são utilizadas com arrays.
- As matrizes são um conceito básico e aplicável em muitos sítios.

+++

PARTE - V

Capítulo 01: Manuseamento de ficheiros

Há um interesse próprio por detrás de cada amizade. Não há amizade sem interesses próprios. Esta é uma verdade amarga..: Chanakya

Objectivos de aprendizagem:

Após a conclusão desta unidade, o aluno será capaz de

- Como ler ficheiros.
- Como escrever ficheiros.
- Utilização de ponteiros em ficheiros.
- Operações sobre os ficheiros.

O que é um ficheiro:

Abre o bloco de notas e escreve um parágrafo utilizando o teclado e guarda-o como first.txt na pasta do teu computador. Trata-se de um ficheiro na terminologia informática. O ficheiro pode ter muitos tipos de extensões, mas aqui vamos discutir apenas a extensão de ficheiro .txt.

Descrição do problema: como ler ou escrever texto a partir de ficheiros de texto ou de documentos.

Ponteiros de ficheiros

Os ponteiros são uma das caraterísticas da programação em c e foram discutidos em pormenor nas unidades anteriores.

Para efetuar algumas operações sobre um ficheiro, o processo começa por declarar um ponteiro de ficheiro.

Exemplo

FICHEIRO *fp;
FICHEIRO *tp;
FICHEIRO *tz;

Por vezes, pode ser necessário efetuar operações em dois ou mais ficheiros. Neste caso, todos os ficheiros devem ser declarados por ponteiros separados.

ARQUIVO *fp1, *fp2;
ARQUIVO *tw1, *tw2;
ARQUIVO *tz1, *tz2;

Se estivesse a ler de um ficheiro e a escrever para outro, poderia declarar um ponteiro para o ficheiro de entrada e um ponteiro para o ficheiro de saída:

Em alguns casos, é necessário ler de um ficheiro e escrever noutro ficheiro, pelo que é necessário declarar dois ponteiros.

ARQUIVO *ifp, *ofp;
FICHEIRO *inputF1, *outputF2.

Programa	Escreva um programa para explicar o ponteiro de ficheiro e as operações de ficheiro.

Código	#include <stdio.h> int main() { FILE *f1;
	// Criar um ficheiro no seu computador f1 = fopen("primeiroExemplo.txt", "w"); // Fechar o ficheiro fclose(f1);
	retorno 0;
	}

Saída	Guarde o ficheiro acima como 01.c na pasta , execute-o utilizando o compilador de blocos de código, que irá gerar um ficheiro na mesma pasta.

	primeiroExemplo.txt 1/28/20241:53 PM Documento de texto OKB

O programa acima abre um ficheiro no computador. O próximo programa explicará mais sobre o conceito.

Programa	Escreva um programa para explicar o ponteiro de ficheiro e as operações de ficheiro. Criação de dois ficheiros.

Código	#include <stdio.h>
	int main() {
	ARQUIVO *f1,*f2;
	// Criar o primeiro ficheiro
	f1 = fopen("firstExample.txt", "w");
	// Criar segundo ficheiro
	f2 = fopen("secondExample.txt", "w");
	// Fechar o ficheiro
	fclose(fl);
	fclose(f2);
	retorno 0;
	}

Saída	firstExample.txt 1/28/2024 2:26 PM Documento de texto secondExample.txt 1/28/2024 2:26 PM Documento de texto
Análises	O programa acima está a criar dois ficheiros a partir do programa.

O próximo programa explicará melhor este conceito.

Programa	Escrever um programa para explicar o ponteiro de ficheiro e as operações de ficheiro. Criar um ficheiro e uma operação de escrita.

Código	// operação de escrita num ficheiro
	#include <stdio.h>
	int main() {
	FICHEIRO *f1;
	// Criar o primeiro ficheiro
	f1 = fopen("01.txt", "w");
	fprintf(f1, "Aprender operações de ficheiros em programação C");
	// Criar segundo ficheiro
	fclose(f1);
	retorno 0;
	}

Saída	01.txt - Notepad File Edit Format View Help Learning File Operations in C Programming Ln 1, Col 1 100% Windows (CRLF) UTF-8

Resumo:

- As matrizes são utilizadas para armazenar mais do que um valor
- Todos os elementos são do mesmo tipo de dados.
- O tamanho das matrizes é fixo, definido no momento da declaração.

- As matrizes podem ser de qualquer tipo de dados, como int, char, float, double.

Programa	Escrever um programa para explicar o ponteiro de ficheiro e as operações de ficheiro. Criar um ficheiro e uma operação de escrita.

Código	// Criar dois ficheiros txt com o programa
	#include <stdio.h>
	int main() {
	ARQUIVO *f1,*f2;
	// Criar o primeiro ficheiro
	f1 = fopen("01.txt", "w");
	// Criar segundo ficheiro
	f2 = fopen("02.txt", "w");
	fprintf(f1, "Ficheiro Aprendizagem de operações de ficheiros em programação C");

Saída

	// Criar segundo ficheiro
	fprintf(f2, "Aprender a operação de ficheiros em programação C");
	fclose(f1);
	fclose(f2);
	retorno 0;
	}

Saída	01.txt 1/29/2024 9:42 AM Text Document 1 02.txt 1/29/2024 9:42 AM Text Document 1
Saída	Programar declarando dois ponteiros de ficheiro, criar ficheiros em modo de escrita e depois escrever uma mensagem de texto utilizando o método fprintf.

O próximo programa explicará melhor este conceito.

Programa	Escreva um programa para abrir um ficheiro, lê-lo e imprimi-lo na consola. Ficheiro que contém dados de texto.

Código	#include <stdio.h> int main() {
	FICHEIRO *f4;
	char ch;
	f4 = fopen("secondExample.txt", "r");
	se (f4 == NULL) {
	printf("Erro ao abrir o ficheiro!\n");
	retorno 1;
	}
	printf("Escrever na consola\n");
	while ((ch = fgetc(f4)) != EOF) { putchar(ch);
	}
	fclose(f4);
	retorno 0;
	}

Saída	O programa acima foi compilado utilizando o bloco de código e o resultado é o seguinte

	Writing on the console Learning C Programming Process returned 0 (0x0) execution time : 0.634 s Press any key to continue.
Saída	

Resumo:

- Ficheiro é uma entidade utilizada com ponteiros.

- Os ponteiros são utilizados para abrir e fechar o ficheiro.

Abrir um ficheiro

Para além dos ponteiros de ficheiros que abrimos explicitamente chamando fopen, existem também três fluxos predefinidos. stdin é um ponteiro de ficheiro constante que corresponde à entrada padrão, e stdout é um ponteiro de ficheiro constante que corresponde à saída padrão.

Encerramento de ficheiros

Apesar de poder abrir múltiplos ficheiros, existe um limite de quantos pode ter abertos ao mesmo tempo. Se o seu programa vai abrir muitos ficheiros em sucessão, vai querer fechar cada um deles quando terminar; caso contrário a biblioteca de E/S padrão pode ficar sem os recursos que utiliza para manter o registo dos ficheiros abertos. Fechar um ficheiro envolve simplesmente chamar fclose com o ponteiro do ficheiro como argumento:
fclose(fp);

Chamar fclose faz com que (se o ficheiro estava aberto para saída) qualquer última saída em buffer seja finalmente escrita no ficheiro, e que os recursos usados pelo sistema operativo (e a biblioteca C) para este ficheiro sejam libertados. Se se esquecer de fechar um ficheiro, este será fechado automaticamente quando o programa sair.

Ler um ficheiro de dados

Modo	Descrição
r	Abre um ficheiro de texto existente para efeitos de leitura.
w	Abre um ficheiro de texto para escrita; se não existir, é criado um novo ficheiro. Aqui o seu programa começará a escrever o conteúdo a partir do início do ficheiro.
a	Abre um ficheiro de texto para escrita em modo de anexação; se não existir, é criado um novo ficheiro. Aqui o seu programa começará a acrescentar conteúdo ao conteúdo do ficheiro existente.
r+	Abre um ficheiro de texto para leitura e escrita.
w+	Abre um ficheiro de texto para leitura e escrita. Primeiro, trunca o ficheiro para comprimento zero, se existir, ou cria o ficheiro, se não existir.
a+	Abre um ficheiro de texto para leitura e escrita. Cria o ficheiro se este não existir. A leitura começa do início, mas a escrita só pode ser anexada.

+++

Resumo:

Exercício de laboratório:

Exercícios: Escreva um programa para

- Armazenar informações de um aluno utilizando uma estrutura
- Adicionar dois números complexos passando estruturas para uma função.
- Armazenar informações de 10 alunos utilizando estruturas
- Armazenar informações sobre os empregados utilizando uma estrutura aninhada.

- Lê o conteúdo do ficheiro e apresenta-o na consola.
- Ler números de um ficheiro e escrever números pares e ímpares num ficheiro separado.
- Contar caracteres, palavras e linhas num ficheiro de texto.

Capítulo 02: Sistema numérico: Representação de dados

Há um interesse próprio por detrás de cada amizade. Não há amizade sem interesses próprios. Esta é uma verdade amarga..: Chanakya

Objectivos de aprendizagem:

Após a conclusão desta unidade, o aluno será capaz de

- Noções básicas de funcionamento do computador.
- Sistema numérico e sua conversão.

Sistema numérico:

Atualmente, existem no computador quatro grandes sistemas numéricos populares que funcionam com programação. O programador ou utilizador escreve em linguagem compreensível para o ser humano ou conhecida como linguagem de alto nível. Mas o computador só compreende o sistema binário, pelo que tudo é convertido em código binário. Vamos compreender o sistema numérico básico, a sua relação e a lógica que lhe está subjacente.

Declaração do problema: Quero saber como é que as máquinas electrónicas compreendem os números em linguagem humana.

Sistema numérico decimal

Trata-se de um sistema numérico de uso geral que os seres humanos compreendem e utilizam. Os computadores convertem sempre os números decimais para qualquer outro sistema numérico.

Este sistema numérico tem dez algarismos (0, 1, 2, 3, 4, 5, 6, 7, 8, 9), pelo que a sua base é 10. A base indica o número total de algarismos do sistema. Neste sistema numérico, o valor máximo de um algarismo é 9 e o valor mínimo de um algarismo é 0. Todos estamos familiarizados com isto na nossa vida quotidiana.

Decimal System

First Line	0	1	2	3	4	5	6	7	8	9
Next Line	10	11	12	13	14	15	16	17	18	19
Next Line	20	21	22	23	24	25	26	27	28	29

Isto parece simples devido à utilização quotidiana dos números, mas ajudará a compreender o outro sistema numérico.

Número binário:

0 e 1 são os dois componentes principais deste sistema. 1 representa a presença da tensão e da corrente e o segundo 0 representa a ausência de energia.

Tomemos um exemplo simples de uma lâmpada eléctrica, existem duas condições 1. Está ligada 2. Está desligada.

No sistema informático, os dados são armazenados em circuitos electrónicos. Aqui, o foco é a conversão de todo o trabalho em informação binária de 0 e 1.

Para armazenar dados no sistema, são utilizados os grupos de conjuntos 1, 4 e 8, como se segue.

bit	1							
nibble	1	2	3	4				
Byte	1	2	3	4	5	6	7	8

O sistema binário tem uma base de 2 e, em geral, existem dois dígitos possíveis que são 0 e 1.

Storage Space 1 bit	0/1

Sistema numérico octal

Octal significa 8 . este tem um total de 8 números que são 0, 1, 2, 3, 4, 5, 6, 7. Estes algarismos são do sistema numérico decimal. Octal significa oito, tem um total de 8 dígitos e foi desenvolvido com três caminhos paralelos. Assim, a combinação máxima possível é 8.

Storage Space 8 bit	0/1	0/1	0/1	0/1	0/1	0/1	0/1	0/1

O quadro seguinte explica as possibilidades de armazenamento de informação e, no caso de três linhas paralelas, torna estas possibilidades máximas.

Dicimal			
0	0	0	0
1	0	0	1
2	0	1	0
3	0	1	1
4	1	0	0
5	1	0	1
6	1	1	0
7	1	1	1

	Octal System							
First Line	0	1	2	3	4	5	6	7
Next Line	10	11	12	13	14	15	16	17
Next Line	20	21	22	23	24	25	26	27
After few Line	70	71	72	73	74	75	76	77

Sistema numérico hexadecimal

Agora há uma possibilidade de o número de linhas de armazenamento ter passado de três para quatro. Agora veremos os números possíveis que podem ser armazenados. Em hexadecimal, o total de combinações possíveis é 16, pelo que a base é considerada 16 e designa-se por 0 0 a 9 e A a F. O alfabeto A a F representa 10 a 15 números decimais. Este quadro explica o panorama geral do armazenamento de informações.

Dicimal				
0	0	0	0	0
1	0	0	0	1
2	0	0	1	0
3	0	0	1	1
4	0	1	0	0
5	0	1	0	1
6	0	1	1	0
7	0	1	1	1
8	1	0	0	0
9	1	0	0	1
A	1	0	1	0
B	1	0	1	1
C	1	1	0	0
D	1	1	0	1
E	1	1	1	0
F	1	1	1	1

Outra forma de compreender todos os números hexadecimais e o seu funcionamento no sistema. A figura seguinte mostra os números básicos e depois a forma de os escrever à medida que os números aumentam a partir de 17.

Hexa Decimal System

First Line	0	1	2	3	4	5	6	7	8	9	A	B	C	D	E	F
Next Line	10	11	12	13	14	15	16	17	18	19	1A	1B	1C	1D	1E	1F
Next Line	20	21	22	23	24	25	26	27	28	29	2A	2B	2C	2D	2E	2F
After few Line	F0	F1	F2	F3	F4	F5	F6	F7	F8	F9	FA	FB	FC	FD	FE	FF

O sistema hexadecimal tornará o sistema mais eficiente em comparação com o sistema decimal.

Resumo:

- O hexadecimal tem uma base de 16 números.
- Total 16 números de 0 a 9 e depois de A a F
- O hardware do computador entende a presença de corrente como 1 e a ausência de corrente como 0.
- 0 e 1 são dois estados possíveis numa única linha de fio.

Conversão de números de um sistema para outro sistema

Ao trabalhar com a linguagem de programação e o computador, é necessário converter números de um sistema para outro, pelo que é necessário compreender o funcionamento do computador.

Decimal para binário

Os números decimais podem ser convertidos em binários através da divisão repetida do número por 2, registando o resto. Vamos dar um exemplo para ver como isto acontece.

Example 1: conversão do decimal 23 em binário

	Number	Reminder
	23	
2	11	1
2	5	1
2	2	1
2	1	0
2	0	1

Result Down to Upside

1	0	1	1	1

Converter este número binário em decimal

=1 0 1 1 1
=1*2^4 + 0*2^3 + 1*2^2 + 1*2^1 + 1*2^0
=1*16 + 0*8 + 1*4 + 1*2 + 1*1
=16 + 0 + 4 + 2 + 1
=23

Vejamos outro exemplo.

Example 2: Conversão do decimal 44 em binário.

	Number	Reminder
	44	
2	22	0
2	11	0
2	5	1
2	2	1
2	1	0
2	0	1

Result Down to Upside

1	0	1	1	0	0

Converter este número binário em decimal

O bit mais à direita é a posição 0, depois aumentamos 1 e calculamos 2 potências para a posição do bit, que será 0, 1, 2, 3 e assim por diante. Multiplicar por 0 ou 1 consoante o bit recebido.

=1 0 1 1 0 0
=1*2^5 + 0*2^4 + 1*2^3 + 1*2^2 + 0*2^1 + 0*2^0
=1*32 + 0*16 + 1*8 + 1*4 + 0*2 + 0*1
=32 + 0 + 8 + 4 + 0 + 0
=44

Example 3: converter decimal de 5 em decimal

5
Power of 2

	0	1	0	1
	3	2	1	0

O número equivalente é

$= 0*2^{\wedge 3} + 1*2^{\wedge 2} + 0*2^{\wedge 1} + 1*2^{\wedge 0}$
$= 0 + 4 + 0 + 1$
$= 5$

Exemplo 4: converter o decimal de 8 em decimal

8
Power of 2

1	0	0	0
3	2	1	0

O número equivalente é
$= 1*2^{\wedge 3} + 0*^{2\wedge 2} + 0*^{2\wedge 1} + 0*^{2\wedge 0}$
$= 8 + 0 + 0 + 0$
$= 8$

Resumo:

- Os números decimais são convertidos em binários durante o processamento.
- Os números binários são novamente convertidos em decimais.

Decimal para Octal

Os números decimais podem ser convertidos em octal através da divisão repetida do número por 8, registando o resto. Vamos dar um exemplo para ver como isto acontece.
Exemplo 1: conversão do decimal 23 num sistema octal equivalente.

	Number	Reminder
	23	
8	2	7
8	0	2

Result Down to Upside

2	7

Converting 27 octal number to again equivalent decimal system.

= 27

= 2*8Л1+ 7*8Л°
= 2*8 + 7*1
= 16 + 7
= 23

Exemplo 1: conversão do sistema decimal 44 num sistema octal equivalente.

	Number	Reminder
	44	
8	5	4
8	0	5

Result Down to Upside

5	4

Conversão de 54 números octal para um sistema decimal equivalente.
= 54
= 5*8^Л1^+ 4*8(Л°)
= 5*8 + 4*1

$= 4^{\circ} + 4$

$= 44$

Resumo:

- A base octal é de 8.
- Os números são convertidos através de um processo interno.

Decimal para Hexadecimal

Os números decimais podem ser convertidos em octal através da divisão repetida do número por 16, registando o resto. Vamos dar um exemplo para ver como isto acontece.

Example 1: conversão do sistema decimal 23 num sistema hexa decimal equivalente.

	Number	Reminder
	23	
16	1	7
16	0	1

Result Down to Upside

1	7

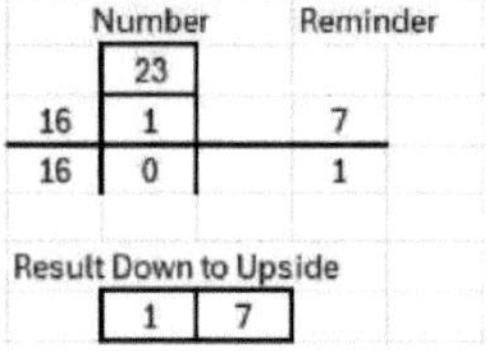

Conversão de 17 hexadecimais para outro sistema decimal equivalente.

$= 17$

$= 1*16^{Л1} + {}^{7*16(л)}0$

$= 1*16 + 7*1$

$= 16 + 7$

$= 23$

Example 2: conversão do sistema decimal 44 num sistema hexa decimal equivalente.

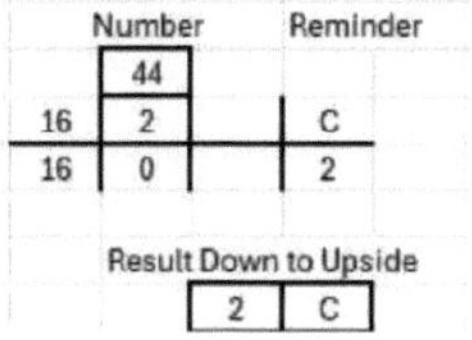

	Number	Reminder
	44	
16	2	C
16	0	2

Result Down to Upside

2	C

Conversão do sistema decimal hexadecimal 2C para um sistema decimal equivalente.

$= 2C$

$= 2*16^{л}1 + C*16^{л}0$

$= 2*16 + C*1$

$= 32 + 12$

$= 44$

Example 3: conversão do sistema decimal 126 num sistema hexa decimal equivalente.

	Number	Reminder
	126	
16	7	E
16	0	7

Result Down to Upside

7	E

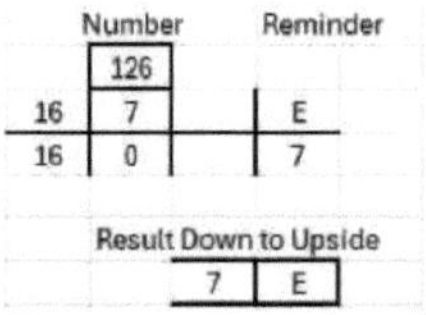

Conversão de 7E hexadecimal para um sistema decimal equivalente.

$= 7E$

$= 7*16^{л}1 + E*16^{л}0$

$= 7*16 + E*0$

= 112 + 14

= 126

Resumo:

- A base decimal é de 10, que é uma linguagem compreensível para o ser humano.
- Os números são convertidos através de processos internos.

Memória do computador:

A seguir, apresentamos o tamanho da memória e a sua capacidade de medição. À medida que o tamanho do ficheiro aumenta, é necessária uma unidade maior para o medir.

1 byte (B) = 8 bits

1 Kilobytes (KB) = 1024 bytes

1 Megabyte (MB) = 1024 KB

1 Gigabyte (GB) = 1024 MB

1 Terabyte (TB) = 1024 GB

1 Exabyte (EB) = 1024 PB

1 Zettabyte = 1024 EB

1 Yottabyte (YB) = 1024 ZB

Tabela do sistema de números equivalentes em todos os sistemas

HEXADECIMAL	DECIMAL	OCTAL	BINÁRIO
0	0	0	0000
1	1	1	0001
2	2	2	0010
3	3	3	0011
4	4	4	0100
5	5	5	0101
6	6	6	0110
7	7	7	0111
8	8	10	1000
9	9	11	1001
A	10	12	1010
B	11	13	1011
C	12	14	1100
D	13	15	1101
E	14	16	1110
F	15	17	1111

Como funciona.

A última coluna é constituída por dígitos binários e só existem dois dígitos, pelo que funcionará da seguinte forma

Última linha da tabela binária

0
1
0
1

Segunda última linha da tabela binária

0	0
0	1
1	0
1	1

ASCII

O computador e a linguagem de programação foram desenvolvidos para lidar com números, caracteres e alguns dos caracteres especiais. O significado ou a forma completa de ASCII é American Standard for Information Interchange . Foi desenvolvido para lidar com a telegrafia, outros dispositivos electrónicos e letras utilizadas nos computadores. ASCII é um conjunto de caracteres de 7 bits que contém 128 caracteres.

Total de bits = 7

Assim, as combinações possíveis = 2 7 = 128

Assim, a todas estas 128 combinações foi atribuído um carácter, um número ou um símbolo no sistema de códigos. E o seu teclado atual segue-o para escrever números e caracteres. Este contém os números de 0-9, as letras maiúsculas e minúsculas de A a Z e alguns caracteres especiais.

Os conjuntos de caracteres utilizados nos computadores modernos, em HTML e na Internet, são todos baseados em ASCII. Alguns dos números importantes e equivalentes são os seguintes . Estão disponíveis tabelas ASCII padrão para a lista completa.

A é 65 e assim por diante

B é 66

C é 67

Z é 99 e assim por diante a é 97 e assim por diante

b é 98 e assim por diante

z é 122 e assim por diante

Unicode

O ASCII não resolve todos os problemas, pois trata dos caracteres ou alfabetos da língua inglesa. Os seres humanos falam e escrevem muitas línguas em todo o mundo. Para acomodar outras línguas faladas pelos humanos, foi necessário um sistema mais aperfeiçoado. O Unicode é uma versão melhorada. Lida com mais línguas e respectivos caracteres. No Unicode, a cada carácter ou símbolo é atribuído um valor numérico único, em grande parte dentro da estrutura do ASCII. Deste modo, pode lidar com muitas línguas de expressão humana.

***

PARTE IV

Estruturas, matriz de estruturas

Capítulo 01: Cordas

Há um interesse próprio por detrás de cada amizade. Não existe amizade sem interesse próprio
interesses. Esta é uma verdade amarga..: Chanakya

Objectivos de aprendizagem:

Após a conclusão desta unidade, o aluno será capaz de

- Como escrever texto no programa.
- Como utilizar o texto e manipular no programa.

Introdução:

Não é possível resolver todos os requisitos dos projectos ou soluções científicas utilizando os tipos de dados fornecidos. Os tipos de dados disponíveis são de natureza comum e tornam a programação complexa. Com base na experiência dos projectos, a programação em C permite combinar os tipos de dados individuais e criar uma unidade de dados maior, o que torna a programação um pouco mais simples.

Estrutura

Descrição do problema: Pretendo armazenar o nome, o telemóvel e a idade em conjunto para que os dados permaneçam como uma única unidade. Armazená-los em três variáveis diferentes é uma tarefa típica.

A estrutura é a coleção de variáveis de diferentes tipos sob um único nome para um melhor manuseamento. Por exemplo: Pretende-se armazenar as informações sobre o nome, o número de cidadão e o salário de uma pessoa. Pode criar estas informações separadamente, mas a melhor abordagem será a recolha destas informações sob um único nome, porque todas estas informações estão relacionadas com a pessoa.

Declaração do problema: Quero guardar o nome, a idade, a morada, o telemóvel e o e-mail dos meus 100 amigos num programa em C. Existe alguma forma simples de declarar variáveis?

A estrutura é a coleção de variáveis de diferentes tipos sob um único nome para um melhor manuseamento. Por exemplo: Pretende-se armazenar as informações sobre o nome, o número de cidadão e o salário de uma pessoa. Pode criar estas informações separadamente, mas a melhor abordagem será a recolha destas informações sob um único nome, porque todas estas informações estão relacionadas com a pessoa.

Programa	escrever um programa para compreender o tamanho da estrutura

Código	#include <stdio.h> struct student{
	char name[50];
	rolo de int;
	marcas de flutuação;
	};
	int main(){
	estrutura de estudante s;

	printf("O tamanho dos elementos da estrutura é:\n");
	printf("Tamanho do nome:");
	printf("%d\n",sizeof(s.name));
	printf("Tamanho do número de registo da unidade:");
	printf("%d\n",sizeof(s.roll));

	printf("Tamanho das marcas :");
	printf("%d\n",sizeof(s.marks));
	printf("Tamanho total da estrutura:"); printf("%d\n",sizeof(s));
	retorno 0;
	}

Saída	As dimensões dos elementos da estrutura são: Tamanho do nome:50 Tamanho da Uni. Número de rolos:4 Tamanho das marcas :4 Dimensão total da estrutura:60
Saída	A dimensão da unidade completa da estrutura é o total de todos os elementos individuais. done

O programa seguinte também ilustra o mesmo conceito.

Programa	escrever um programa copiar dados de uma estrutura para outra estrutura

Código	// copiar dados de uma estrutura para outra
	#include <stdio.h>
	struct estudante{
	char name[50];
	rolo de int;
	marcas de flutuação;
	};
	int main(){
	struct estudante st01 ={"Priya",1000,15};
	struct estudante st02;
	// atribuição de uma estrutura a outra
	st02 = st01;
	printf("Apresentação de informações da estrutura st02: \n");

	printf("Número do rolo %d\n",st02.roll);
	printf("Nome: %s\n",st02.name);
	printf("Marcas:%f\n",st02.marcas);
	printf("\n");
	retorno 0;
	}

Saída	Apresentação das informações da estrutura st02: Rolo número 1000 Nome: Priya Marcas:15.000000
Saída	Se ambas as estruturas tiverem a mesma natureza, podemos copiar os dados de uma estrutura para outra.

O programa seguinte também ilustra o mesmo conceito.

Programa	escrever um programa e o valor de retorno da função como estrutura de dados.
Código	#include <stdio.h> struct student{

	char name[50];
	rolo de int;
	marcas de flutuação;
	};
	int main(){
	struct estudante st01;
	struct student stdetails(void);
	st01 = stdetails();
	printf("Impressão dos valores recebidos da função\n");
	printf("O nome do aluno é %s:\n",st01.name);
	printf("O número de registo do aluno é %d:\n",st01.registo);
	printf("As notas do aluno são %f:\n",st01.marks);
	printf("Após o fim da função\n");
	retorno 0;
	}
	// descrição da função
	struct student stdetails(void) {
	printf("No interior da função stdetails\n");
	struct student st = {"Priya",1000,15};
	retornar st;
	}

Saída	Dentro da função stdetails Imprimir valores recebidos da função O nome da aluna é Priya: O número de registo do aluno é 1000: As notas do aluno são 15.000000: Após o fim da função
Saída	A função está a devolver uma estrutura como tipo de retorno. figo

O programa seguinte também ilustra o mesmo conceito.

Programa	escrever um programa para passar a estrutura como valores na função.

Código	#include <stdio.h> struct student{
	char name[50]; int roll;
	marcas de flutuação;
	};
	int main(){
	struct estudante st05 = {"Priya",1000,15};
	struct student stdetails(struct student);
	struct estudante st01 = stdetails(st05);
	printf("Imprimir valores recebidos da função\n"); printf("O nome do aluno é %s:\n",st01.name);
	printf("O número de registo do aluno é %d:\n",st01.registo); printf("As notas do aluno são %f:\n",st01.notas);
	printf("Após o fim da função\n"); return 0;
	}
	// descrição da função

	struct student stdetails(struct student st) { printf("Dentro da função stdetails\n"); printf("Nome do aluno = %s\n", st.name); printf("Rolo do aluno = %d\n", st.roll); printf("Notas do aluno = %f\n", st.marks); struct student
	st02 = st;
	return st02;
	}

Saída	Dentro da função stdetails Nome do aluno = Priya Rolo de alunos = 1000 Notas dos alunos = 15,000000 Imprimir valores recebidos da função O nome da aluna é Priya: O número de registo do aluno é 1000: As notas dos alunos são 15,000000: Após o fim da função
Saída	Estrutura passada como valor na função.

O programa seguinte também ilustra o mesmo conceito.

Programa	Utilização de ponteiro com estrutura.

Código	#include <stdio.h>
	struct estudante{
	char name[50];
	rolo de int;
	marcas de flutuação;
	};
	int main(){
	struct student st01 ={"Praveen",200,51.5};
	struct student *p; // declaração de ponteiro p = &st01;
	printf("Detalhes do aluno sem ponteiro\n"); printf("O nome do aluno é %s:\n",st01.name);
	printf("O número de registo do aluno é %d:\n",st01.registo); printf("As notas do aluno são %f:\n",st01.notas);
	printf("\nDetalhes do aluno utilizando o ponteiro \n"); printf("O nome do aluno é: %s\n",p->nome);
	printf("O número de registo do aluno é: %d\n",p->recurso); printf("As classificações do aluno são: %f\n",p->classificações);
	retorno 0;
	}

Saída	Detalhes do aluno sem ponteiro O nome do aluno é Praveen: O número de registo do aluno é 200: As classificações do aluno são 51.500000: Detalhes do aluno usando o ponteiro Nome do aluno é: Praveen O número de registo do aluno é: 200 As notas do aluno são: 51.500000

Saída

O programa seguinte também ilustra o mesmo conceito.

Programa	Utilizar ponteiros na estrutura para calcular a média dos números.

Código	#include <stdio.h> struct student{ char name[50]; int roll;

	marcas de flutuação;
	};
	int main(){
	float average=0.0;
	struct student st01 ={"Praveen",200,51.5};
	struct student st02 ={"Sunil",201,78.5};
	struct student *p1,*p2; // declaração de ponteiro
	p1 = &st01; // atribuição do endereço da estrutura ao ponteiro
	p2 = &st02; // atribuição do endereço da estrutura ao ponteiro
	printf("\nDetalhes do aluno que utiliza o ponteiro \n");
	printf("\nCalculando marcas de avearagem utilizando ponteiro\n");
	printf("As notas do Aluno 01 são: %f\n",p1->notas);
	printf("As notas do aluno 02 são: %f\n",p2->notas);
	média = (p1->marcas + p2->marcas)/2;
	printf("A média das marcas é: %f\n",média);
	retorno 0;
	}

Saída	Detalhes do aluno utilizando o ponteiro Calcular as notas médias utilizando o ponteiro Aluno 01 As notas são: 51.500000 Aluno 02 As notas são: 78.500000 A média das marcas é: 65.000000
Saída	A média está correta, pelo que o conceito está a funcionar bem.

O programa seguinte também ilustra o mesmo conceito.

Resumo:

- As matrizes são um conceito comum
- A estrutura é a formação de uma unidade combinada.
- Ambos podem ser aplicados em conjunto.
- As matrizes podem ser de qualquer entidade armazenável.

Estruturas dentro de estruturas

O aninhamento da estrutura é permitido na programação. Significa que primeiro se define uma estrutura e depois, na estrutura seguinte, utiliza-se a primeira estrutura.

```
struct estudante{
char name[50];
rolo de int;
marcas de flutuação;
};
struct curso {
struct student st; int AdmitYear; int Fee;
}; ctl , ct2;
```

O programa seguinte é escrito utilizando o conceito de estrutura aninhada.

Programa	escrever um programa para passar valores usando uma estrutura dentro de outra estrutura.

Código	```
	#include <stdio.h>
	struct estudante{
	char name[50];
	rolo de int;
	marcas de flutuação;
	};
	struct estudante01{
	struct estudante s1;
	int grau;
	} s;
	int main() {
	struct student01 s = {"Praveen",200,51.5, 5};
	printf("\nExibindo informações\n");
	printf("Nome: %s\n",s.s1.name);
	printf("Número de registo da Uni.: %d\n",s.s1.registo);
	printf("Marcas: %.2f\n",s.s1.marcas);
	printf("Nota: %d\n",s.nota);
	retorno 0;
	}
	``

Saída	Visualizar informações Nome: Praveen Uni. Número de registo: 200 Marcas: 51,50 Grau: 5

O programa seguinte é escrito utilizando o conceito de estrutura aninhada.

Programa	escrever um programa para passar valores usando uma estrutura dentro de outra estrutura.

Código	```
	#include <stdio.h>
	struct estudante{
	char name[50];
	rolo de int;
	marcas de flutuação;
	};
	struct estudante01{
	struct estudante s1;
	int AdminYear;
	Taxa de inscrição;
	} s;
	int main() {
	struct student01 s = {"Praveen",200,51.5,2024,97000};
	printf("\nExibindo informações\n");
	printf("Nome: %s\n",s.s1.name);
	printf("Número de registo da Uni.: %d\n",s.s1.registo);
	printf("Marcas: %.2f\n",s.s1.marcas);
	``

	printf("AnoGrau do Administrador: %d\n",s.AdminYear);
	printf("Taxa: %d\n",s.Taxa);
	retorno 0;
	}

Saída	Visualizar informações Nome: Praveen Uni. Número de registo: 200 Marcas: 51,50 Ano administrativoGrau: 2024 Taxa: 97000

O programa seguinte é escrito usando o conceito de estrutura aninhada usando duas estruturas aninhadas.

Programa	escrever um programa para passar valores usando uma estrutura dentro de outra estrutura.
Código	#include <stdio.h> struct student{ char name[50]; rolo de int; marcas de flutuação; }; struct student01{ struct student s1; int AdminYear;

	Taxa de inscrição;
	};
	struct estudante02{
	struct estudante01 s2;
	char CourseName[20];
	} s;
	int main() {
	struct student02 s = {"Praveen",200,51.5,2024,97000, "B Tech"};
	printf("\nExibindo informações\n");
	printf("Nome: %s\n",s.s2.s1.name);
	printf("Número de registo da Uni.: %d\n",s.s2.s1.registo);
	printf("Marcas: %.2f\n",s.s2.s1.marcas);
	printf("Admin YearGrade: %d\n",s.s2.AdminYear);
	printf("Taxa: %d\n",s.s2.Taxa);
	printf("CourseName: %s\n",s.CourseName);
	retorno 0;
	}

Saída	Visualizar informações Nome: Praveen Uni. Número de registo: 200 Marcas: 51,50 Ano administrativoGrau: 2024 Taxa: 97000 Nome do curso: B Tech

Resumo:

- O aninhamento é um conceito comum na programação.
- O aninhamento também se aplica à estrutura.
- É possível o encadeamento múltiplo de uma estrutura.

Sindicatos

As uniões são a versão melhorada da estrutura. Poupa espaço na memória.

```
estudante da união{
char name[50];
rolo de int;
marcas de flutuação;
};
```

Ou

```
estudante da união{
char name[50];
rolo de int;
marcas de flutuação;
} stl, st2;
```

Escreva um programa para mostrar a diferença de memória na estrutura e na união.

Programa	escrever um programa para explicar Union em programação.

Código	#include <stdio.h>
	trabalho de união { //definição de uma união
	char name[32];
	salário flutuante;
	int trabalhador_nº;
	}u;
	struct jobl {
	char name[32];
	salário flutuante;
	int trabalhador_nº;
	}s;
	int main(){
	printf("tamanho da união = %d",sizeof(u));
	printf("\nsize of structure = %d", sizeof(s));
	retorno 0;
	}

Saída	tamanho da união = 32 dimensão da estrutura = 40
Saída	Explica a estrutura básica da união.

O programa seguinte também ilustra o mesmo conceito.

Programa	escrever um programa para passar valores utilizando uma estrutura e armazenar dois dados diferentes.
Código	#include <stdio.h> trabalho de união { //definição de uma união char name[32];

	salário flutuante;
	int trabalhador_nº;
	int DA;
	}u;
	struct jobl {
	char name[32];
	salário flutuante;
	int trabalhador_nº;
	int DA;
	}s;
	int main(){
	printf("tamanho da união = %d",sizeof(u));
	printf("\nsize of structure = %d", sizeof(s));
	retorno 0;
	}

Saída	tamanho da união = 32 dimensão da estrutura = 44
Saída	A dimensão da estrutura é a soma de todos os elementos A dimensão da União é o elemento mais importante da dimensão.

Resumo:

- A união ocupa menos espaço do que a estrutura.
- O consumo total de espaço da União é o tamanho do maior elemento de todos os elementos.

+++

Referências

1. www.niecdelhi.ac.in
2. www.gitam.edu
3. www.mariobessa.info
4. www.tutorialspoint.com
5. www.jpr.manipal.edu
6. www.only4programmers.blogspot.com
7. www.coursehero. com
8. www.studymode.com
9. www.tutorials.freshersnow.com
10. www.es.scribd.com
11. www.sites.google.com
12. www.javatpoint.com
13. www.slideshare.net
14. www.nilabja.wordpress.com
15. www.miet.ac.in
16. www.slideplayer.com
17. www.coursehero.com
18. www.archive.org
19. www.sciencepub.net
20. www.finesbook.blogspot.com
21. www.technodocbox.com
22. www.compromath.com
23. www.idoc.pub
24. www.vidyarthiplus.com
25. www.auhelp.weebly.com
26. www.sauduppal.blogspot.com
27. www.docshare.tips
28. www.placementyogi.com
29. www.cprogramiz.wordpress.com
30. www.es.scribd.com
31. www.studentsolutionsite.files.wordpress.com
32. www.coursehero.com
33. www.community.oracle.com
34. www.mu.ac.in
35. www.library.net
36. www.citehr.com
37. www.codingknack.com
38. www.espn.ph
39. www.supportprogramming.blogspot.com
40. www.tutorialgateway.org
41. www.ce.sharif.edu
42. www.docplayer.net
43. www.s3-ap-southeast-1.amazonaws.com
44. www.technodocbox.com

45. www.r-forge.r-project.org
46. www.universityofcalicut.info
47. www.grin.com
48. www.hdl.handle.net
49. www.qdoc.tips
50. https://www.scribd.com/
51. www.pt.scribd.com

Printed by Books on Demand GmbH, Norderstedt / Germany